Impressum
© 2000
Alle Rechte beim Herausgeber bzw. den Autoren
Stiftung Pädagogische Akademie Burgenland
A-7001 Eisenstadt, Wolfgarten
Herstellung, Druck und Vertrieb: Libri Books on
Demand, Norderstedt
Umschlaggestaltung und Foto: Johann Pehofer
ISBN: 3-8311-0791-2

Stiftung Pädagogische Akademie Burgenland

Pädagogica
Pannonia

1/2000

Beiträge zu Theorie und Praxis der Pädagogik
Herausgegeben von Johann Pehofer

Inhalt   1/2000

Vorwort der Direktorin der Stiftung Pädagogische Akademie Burgenland

Der Weg zur Pädagogischen Hochschule bedeutet für die Stiftung Pädagogische Akademie Burgenland – mehr als für alle anderen Akademien in Österreich - eine Veränderung und Umdenken in vielen Bereichen.  Zum einen befand sich diese Akademie fast 25 Jahre am Rande des Eisernen Vorhangs, der eine Kooperation mit anderen Bildungsinstitutionen dieses gemeinsamen kulturellen Raumes unmöglich machte. Durch die sich nun bietenden Möglichkeiten der internationalen Kooperation im Rahmen der Europäischen Gemeinschaft und der bilateralen Zusammenarbeit beginnt die Pädagogische Akademie jenes Profil einer akademischen Bildungsanstalt zu bekommen, die die Verantwortung für den Bildungsstandard dieses Landes übernehmen kann. Durch zahlreiche Pilotprojekte mit Universitäten und Hochschulen kann die Stiftung Pädagogische Akademie Burgenland bereits jetzt den notwendigen Beitrag zu einer akademischen Ausbildung dieses Landes leisten.

Der Schritt zur Pädagogischen Hochschule bedeutet zum anderen eine Professionalisierung und

7

Akademisierung der Lehrerausbildung. Die in dieser Akademie entstandenen Beiträge zur Weiterentwicklung von Erziehung und Unterricht in allen Bereihen verdienen eine Veröffentlichung, um so einem weiten Personenkreis zugänglich gemacht zu werden.

In diesem Sinn soll diese Schriftenreihe zur Professionalisierung und Profilierung dieser Akademie beitragen.

Dir. Mag. Dr. Roswitha Karl

Vorwort des Herausgebers

Die einst von den Römern als Pannonien bezeichnete Provinz im damaligen Illyrien, zwischen Ostalpen, Donau und Save angesiedelt, hat durch die Öffnung der Grenzen neue Aktualität bekommen. Dem durch eine Vielfalt an Sprachen, Religionen und Kulturen gekennzeichneten Gebiet eröffnen sich neue Chancen der Zusammenarbeit und Kooperation in allen Bereich der Wirtschaft, der Kultur und der Bildung, in dem gerade das Burgenland – als multikulturelles Land in dem die Sprachen der Kroaten, der Ungarn und der Roma noch alltäglich gesprochen werden – eine vermittelnde und integrierende Funktion zukommt.

Das bedeutet im Bereich der Bildung nicht nur die Realisation gemeinsamer akademischer Studien und Ausbildungspläne sondern auch die Nutzung sowohl der gemeinsamen als auch unterschiedlichen Erfahrungen zu einer durch Vielfalt, Offenheit und Innovation gekennzeichneten Bildungslandschaft.

Und diese Bereiche - Vielfalt, Offenheit und Innovation - sollen auch den Inhalt dieser Fachzeitschrift der Stiftung Pädagogische Akademie Burgenland bestimmen.

Die Vielfalt der Meinungen in einem neuen gemeinsamen Europa, die Offenheit und Lernbereitschaft gegenüber den Sprachen des pannonischen Raums und der Europäischen Union

9

sollen zu jener Innovation im Bildungsbereich beitragen, der den meisten Ländern dieses Raumes durch jahrzehntelange Isolation verwehrt war. Es soll ein Forum für Studierende, Professoren und Gastautoren aller befreundeten Universitäten, Hochschulen und Institutionen sein, die bereit sind, zur Innovation der Bildung beizutragen.

Univ.-L. PA-Prof. Dr. Johann Pehofer

Johann Pehofer

(Lehrer) bildung als Beitrag zur Wiedergeburt des Abendlandes

**"...denn wären wir selbst, was
wir sind, außer Europa geworden?"**
Herder, Ideen zur Philosophie
der Geschichte der Menschheit

Europa, das war über Jahrhunderte das Zentrum der geistigen, kulturellen und humanen Welt. Denn kein Kontinent hat – „...so kann man wohl ohne Übertreibung sagen – so viel zur Entwicklung der Welt beigetragen, Einfluss ausgeübt durch seine Ideen, seine philosophischen Systeme, seine Wissenschaft und Technik, seine Erfindungen und Forschungen, seine Missionare und außereuropäischen Missionsstationen, durch Christentum und Atheismus, Idealismus und Materialismus."[1]
Dennoch konnten die Gedanken Herders, Fichtes und anderer bedeutender Denker und Humanisten die Entstehung von Nationalstaaten und dem damit verbundenen destruktiven Gedankengut nicht verhindern. Kriege um Grenzen und Ideologien trennten - und trennen - die Bewohner Europas; der

---

[1] König: Kardinal Franz: Europa auf dem Wege zu sich selbst. In: König, Franz; Rahner, Karl: Europa. Horizonte der Hoffnung. Graz – Wien –Köln 1983. Seite 35

Zweite Weltkrieg und die anschließend damit verbundene Teilung Europas stellten das Ende jeder europäischen Gemeinsamkeit dar.

Mit der Gründung der Europäischen Union eröffnen sich erstmals neue Chancen auf ein kulturelles und geistiges Miteinander. Hier besteht nun die Chance, die Jugend in einem friedvollen Europa zusammenzubringen, neue Erkenntnisse und Forschungen auszutauschen, eine multikulturelle Vielfalt in einer kulturellen Einheit zu verwirklichen. Aber ein geeintes Europa bedeutet nur dann ein friedvolles Europa, ein Europa der Kooperation auf wissenschaftlichem und künstlerischem Gebiet, wenn damit Ziele verbunden sind, die über den ökonomischen Bereich hinausgehen. Soll diese „Wiedergeburt Europas"[2] nicht in einer finanziellen und wirtschaftlichen Zweckgemeinschaft enden, deren Bestand durch das Fehlen von humanen und ethischen Zielen nicht dauerhaft sein kann, dann muss dieses neue Europa ein Europa der Bildung werden. Denn die Antwort „...auf unsere behauptete oder tatsächliche Orientierungslosigkeit ist Bildung – nicht Wissenschaft, nicht Information, nicht die Kommunikationsgesellschaft, nicht moralische Aufrüstung, nicht der Ordnungsstaat."[3]

Die Hoffnung von Marion Gräfin Dönhoff, „...dass Europa irgendwann zu seiner ursprünglichen Rolle

---

[2] Dieser Begriff wurde von Leszek Kolakowski in seinem Aufsatz: „Die Wiedergeburt des Abendlandes?" benutzt. . In: König, Franz; Rahner, Karl: Europa. Horizonte der Hoffnung. Graz – Wien –Köln 1983. Graz – Wien –Köln 1983. Seite 75-86

[3] Hentig, Hartmut von: Bildung. Ein Essay. München-Wien 1996, Seite 11

zurückfindet und wieder dafür sorgt, dass eine philosophische Dimension in die politische Diskussion und in die Vorstellung, die unsere Welt prägten, Eingang findet"[4], kann nur durch den Begriff der Bildung - der „untrennbaren Verbindung von Wissen und Haltung"[5] jedes Einzelnen erfüllt werden.

Und dadurch nimmt die Lehrerbildung in diesem Prozess eine Schlüsselposition ein, die mehrere Dimensionen umfasst. Denn die ihr zukommende Verantwortung und dadurch übertragene Aufgabe kann nur dann erfüllt werden, wenn:

Lehrerbildung ihrem Namen gerecht wird.

Denn der Begriff der Bildung verliert in der gegenwärtigen Gesellschaft immer mehr an Bedeutung. Ausbildung steht im Vordergrunf und wird im Sinne eines Funktionalismus immer rationaler gesehen. Nicht mehr der Mensch und seine Bedürfnisse und damit seine Bildung stehen im Vordergrund, sondern seine Verwertbarkeit in Produktionsmechanismen und -vorgängen.

Pädagogik hat jedoch jeglichem Funktionalismus und der damit verbundenen Enthumanisierung eine Absage zu erteilen, will sie ihrem Anspruch gerecht werden: „Die Vorstellung von der Machbarkeit des Menschen, die Vorstellung von der Pädagogik als einer Theorie und Praxis im Sinne eines neuen

---

[4] Dönhoff, Marion Gräfin: Zivilisiert den Kapitalismus. Grenzen der Freiheit. Stuttgart 1997, Seite 11f.

[5] Vgl. dazu: Heitger, Marian: Das Selbstverständnis der Pädagogik als Wissenschaft. In : Heitger, Marian: Beiträge zu einer Pädagogik des Dialogs. Wien 1983. Seite 10-116

Sozialdarwinismus fügt sich zwar in das Bild des technischen Zeitalters, in dem Vernunft auf rationell geplantes Zweck-Mittel-Denken festgelegt scheint. Sie übersieht jedoch den grundsätzlich anderen Charakter des Subjektseins, der Personalität mit dem Recht und der Verpflichtung gemäß Einsicht und Verbindlichkeit über sich selbst zu verfügen. Andernfalls ist der Mensch nicht mehr Subjekt möglicher Gegenstände, sondern er wird selbst zum Gegenstand der Bearbeitung; damit wird der Begriff der Bildung im Sinne personaler Selbstentfaltung, selbständiger Urteilsfähigkeit und Verantwortungsbereitschaft aufgelöst."[6]
Und gerade diese Qualifikationen werden in einer zunehmend technisierten Welt immer wichtiger werden; sie können in keinem Schulsystem realisiert werden, wenn nicht die Möglichkeit besteht, sie in der Lehrerbildung zu verwirklichen.

Lehrerbildung frei ist.
Sie hat sich durch ihre Vertreter jeglicher Einflussnahme durch Ideologien und Weltanschauungen zu entziehen, deren Ziel es ist, diese Ausbildung im obigen Sinn zu instrumentalisieren.

Lehrerbildung international ist.
Nationalismen müssen der Vergangenheit angehören. Bildung kann nur in einem Diskurs ohne Grenzen

---

[6] Heitger, Marian: Das Bildungssystem zwischen öffentlicher Erwartung und pädagogischem Auftrag. In: Heitger, Marian (Hrsg.): Beiträge zu einer Pädagogik des Dialogs. Wien 1983. S 31

realisiert werden, in jenem geistigen Freiraum, der einst den Geist Europas ausmachte.

Will Lehrerbildung qualitativ erfolgreich sein, so ist damit die Verwirklichung der oben angeschnittenen Bereiche untrennbar verbunden - sowohl in einer Atmosphäre der geistigen Bildung, die das Klima der Lehrveranstaltungen bestimmen soll als auch in einer Realisation der persönlichen Meinungsvielfalt und Stellungnahme. Und daran muss jede Institution der Lehrerausbildung arbeiten, um so ihren Beitrag zur europäischen Bildung und zu einem geistigen Europa zu leisten.

Johann Pehofer

The Relation between Man and Machine[7]

1. Introduction

Present questions concerning technology can be seen more clearly, when we have a closer look at similar problems in the past. Reading legends of the Greek mythology under this aspect can open a new range of philosophical relations and show us new possibilities of thinking. One of the best known legends concerning early questions of technology is Ikaros and Daidalos:

Daidalos was the best artist of his time in Athens. He was the maker of extraordinarily lifelike statues,he was also an architect, woodworker, and inventor. But after killing his nephew he had to flee from punishment to Knossos.
There he did a lot of work but was not happy. When King Minos took him into prison, he decided to leave. So Daidalus created two huge pairs of wings from feathers and wax, one for himself and one for his young son Ikaros. Daidalos warned Ikaros not to fly too high or too low, because there was danger

---

[7] Vortrag, gehalten auf der Freien Universität Berlin im Mai 2000

that the wings would be destroyed. But Ikaros was young, and like all the young all over the world he did not need the fatherly advice. Drunk with joy from the sensation of flying he wanted to reach the sun and flew up and up, higher and higher. The wax which was keeping the feathers together melted and the wings broke and young Ikaros fell into the Aegean Sea and was drowned.

A lot of people think that this legend is written to show the longing of man for freedom. But it is also a good example for the relation between man and technology. So let us have a look at some keywords we will need further on:

Daidalos misused his talents in handycraft and art. The Greek word for it was **Techne (τεχηνε)**. For the correct use of technology we have also to ask for **Aletheia (αλετηεια)**. This word means more than truth in English, in its meaning it is also cosmos, logos and nature. And to assess these questions we need **Episteme (επιστεμε)**, which means science and scientific findings. And there is also the importance of our own opinion, which in Ancient Greece was called the **Doxa (δοξα)**.

2. Technology (τεχηνε) and assessment

When we look at the development of mankind, there have always been inventions and there was always some kind of reaction to it. This begins with the invention of the wheel and ends today.

But as people left the concert during the last symphony of Beethoven, because they did not understand the music, also technology is is not easy to be assessed in the time, in which it is invented. There are a lot of examples in history – often funny from our point of view- beginning with Johannes Gutenberg´s invention to print books until the to computer- technology of our days. So we know today

- that Christopher Columbus died without knowing that he has discovered America;
- that the Chief Engineer of the British Post Office was wrong, when he said, as the telephone was invented: „The Americans have need of the telephone - but we do not. We have plenty of messenger boys";
- that the artircle in Popular Mechanics in 1949 was wrong, when it said: „Computers in the future may weigh no more than 1.5 tons."

And assessment of technology is even harder, when there are also social components. The best example to that is „Eliza": Joseph Weizenbaum , a German -

SO HOW ARE YOU DOING TODAY?
Bad.
PLEASE GO ON.
Too much work, no joy, no fun.
ARE YOU SAYING NO JUST TO BE
NEGATIVE?
No, so it is
YOU ARE BEING A BIT NEGATIVE.
I want a real good live.
WHY DO YOU WANT A REAL GOOD
LIVE?
...to be happy!
WHAT DOES THAT SUGGEST TO YOU?
Fun, joy..
CAN YOU CLARIFY THAT A BIT?
I want to love my life!
SUPPOSE YOU SOON GOT TO LOVE
YOUR LIFE?
No!
ARE YOU SAYING NO JUST TO BE
NEGATIVE?
You have to help me!
WHAT DIFFERENCE DOES IT MAKE
IF I HAVE TO HELP YOU?
I need someone!

Example for "Eliza"

American computer scientist, wrote a little Computer-program- rather just for fun than for serious purpose -, that gave the people the impression to talk with a therapist – using phrases and words like a therapist does. But the meaning of his program became very serious, when he got the feedback to his invention: Therapists and doctors thought, that the computer was now able to replace therapy and doctor's care.

Another point of view can be seen in a story from last century. Peter Rosegger, an Austrian writer of this time, grew up very simple in a farm-house in the mountains. In his novell in which he reports, how he saw a train for the first time, we find an example of the emotions that take place, when technology is new. And these two emotions are fascination and fear.

And we can see it also in the present:

▪ Most of present literature about computers - also scientific literature - which was published in the last years, haso influenced these emotions: The range lasts from the beginning with Marshall McLuhan, Nicolas Negroponte to Neil Postman and Clifford Stoll.

▪ And also in school we find these two emotions:

- One group of teachers is not using the (perhaps good) methods of New Technology in any way.

- Another group (which at the moment is definitly smaller) expects a revolution in teaching and is not willing to accept (perhaps good) traditional methods.

So what is to do to escape from these emotions and get a clearer look at problems of the present? Perhaps the thoughts, that the most important philosophers have had in this century can help us – particularly some thoughts of Martin Heidegger, the most important thinker of our century.

3. A possible way out: The philosophy of technology (επιστεμε)

The philosophy of technology is influenced by a lot of philophers, who had serious thoughts about technology (Oswald Spengler: Der Mensch und die Technik, 1931; Herbert Marcuse: Der eindimensionale Mensch, 1967; JürgenHabermas: Technik und Wissenschaft als Ideologie, 1968; Lewis Mumford: Mhytos der Maschine, 1977).

But the most important thinker for our contents is Martin Heidegger. After World War II he wrote his essay "The Question Concerning Technology." It carries the critics of technology out of its usual context and forms and delivers it into a new light. In his opinion the essence of technology originally was a revealing of life and nature, the revealing of αλιτηεα. But the essence of modern technology is a revealing of phenomena, often far removed from anything that resembles "life and nature".

To answer the question concerning technology in connection with New Medias and New Technologies we have to answer the question about the essence of these technologies of the present, because "technology is not equivalent to the essence of technology "(Martin Heidegger).

It is not possible to answer this question in this short article, for this the question is too sophisticated – but it has to be the main task of present science, if we want to find a way to technology which is in harmony with the truth, to the meaning of αλετηεια. And we have to answer it, because Heidegger means, that human nature, technology and art are all intertwined in complex ways.

So only if the meaning of τεχηνε and αλετηεια comes together, there might be a way out, because we are not able to understand technology: We focus our attention on what we call technology in its everyday sense and use and we ignore technology in its essence.

4. Consequences for the use in school (δοξα)

If we summarize this information and thoughts so far, we can develop the following theses for education:

4.1. General theses

- The forth-bringing of mankind is only possible through αλετηεια, not through τεχηνε.
- The main aim of education has to be life (again αλετηεια), not the usage of something (again τεχηνε); The child has to be in the center of education.

4.2 Educational Theses

- Value-education, ethics, spare-time pedagogics, art and knowledge are the assumptions of using Media in school.
- Every school should own a school-garden and animals as well as New Media – real life is much more important than virtual life.
- The common tasks of education are always valid: Protection of the child, preparation of the learning- environment, love and help.

4.3 Theses for Teaching

- The use of New Media is <u>one</u> way of teaching among other methods.
- New Medias are only additional tools; they can not replace a teacher.
- The usage of New Media has rules as every method: preparation and assessment are essential.

5. Conclusion

So we can go back to our introduction, to the legend of Ikaros and Daidalos. "Fly in the middle, Ikaros" is a very essential phrase: Not too high, because New Media is not αλιτηα and not too low, because education has also to prepare for present life. Nobody is able to prevent new technologies, we have to deal with them. But how we deal with them, is the task of science, pedagogy and education.

Literature:

1. Baltes, Martin u.a. (Hrsg.): Medien verstehen. Der McLuhan – Reader. Mannheim 1997
2. Beckman, Tad: Martin Heidegger and environmental ethics. URL: http://thuban.ac.hmc.edu/~tbeckman/personal/Heidart.html
3. Günther, Johann; Hüffel, Clemens: Die Massenmedien in unserer Gesellschaft. Krems 1999
4. Heidegger, Martin: The Question Concerning Technology. In: The Question Concerning Technology and Other Essays. Ed., intro., and trans., Lovitt, William. New York: Harper & Row, 1977. pp. 3-35
5. Heidegger, Martin, Being and Time. Trans. J. Macquarrie and E. Robinson. New York: Harper and Row, 1962
6. Jäger, Georg: Empfindsamkeit und Roman. Stuttgart 1969
7. McLuhan, Marshall: The Global Village. Der Weg der Mediengesellschaft in das 21. Jahrhundert. Paderborn 1995
8. Postman, Neil: Das Technopol. Die Macht der Technologien und die Entmündigung der Gesellschaft. Frankfurt/Main 1992
9. Postman, Neil: Die Verweigerung der Hörigkeit. Frankfurt/Main 1988
10. Postman, Neil: Keine Götter mehr. Das Ende der Erziehung. Berlin 1995
11. Postman, Neil: Das Verschwinden der Kindheit. Frankfurt /Main 1977
12. Rosegger, Peter: Als ich noch der Waldbauernbub war. Wien. o.J.
13. Stoll, Clifford: Kuckucksei. Frankfurt /Main 1999[3]
14. Stoll, Clifford: Die Wüste Internet. Geisterfahrten auf der Datenautobahn. Frankfurt / Main 1999[2]

15. Weizenbaum, Joseph: Die Macht der Computer und die Ohnmacht der Vernunft. Frankfurt 1994
16. Weizenbaum, Joseph: Wer erfindet die Computermythen? Der Fortschritt in den großen Irrtum. Freiburg im Breisgau 1993

Claudia Meidl,
Johann Pehofer

Projektarbeit

1. Der Begriff „Projekt"

Das Wort Projekt wird vom lateinischen Wort „proicere" abgeleitet, das mit „vorwerfen", „vorstrecken" oder „vorhalten" übersetzt werden kann (vgl. DER KLEINE STOWASSER 1913, S. 398). Im Wörterbuch (WAHRIG 1970, S.2793) findet man unter dem Begriff Projekt folgendes: Projekt: Plan, Vorhaben, Absicht; Entwurf [<lat. proiectum, Neutrum zu proiectus „nach vorn geworfen", Part. Perf. von proicere „nach vorn werfen"; - projizieren] Das Wort Projekt ist aus unserem Wortschatz nicht mehr wegzudenken. Jeder spricht von Projekt, egal ob es sich um den Bau einer Straße oder um eine wissenschaftliche Untersuchung handelt

Karl FREY umschreibt Projekt so: „Eine Gruppe von Lernenden bearbeitet ein Gebiet. Sie plant ihre Arbeiten selbst und führt sie auch aus. In der Regel steht am Ende ein sichtbares Produkt" (FREY 1982, S. 10). So eine Gruppe, die man Projektgruppe nennt, kann z.B. eine Klasse sein. Ein Thema, das durch Anregung eines Mitglieds der Projektgruppe ausgewählt wurde, wird von den Mitgliedern unter Beachtung der Interessen, Bedürfnissen und Neigungen bearbeitet. Man unterscheidet nach Dauer und Umfang des Projektes zwischen Klein-, Mittel- und Großprojekten. Kleinprojekte dauern nur einige

Stunden, ca. 2 - 6 Stunden. Mittelprojekte sind die in Schulen am häufigsten auftretende Art von Projekten. Sie dauern zwischen einem Tag und einer Woche, wobei die Stunden natürlich auf mehrere Wochen verteilt sein können. Großprojekte werden meist von Institutionen durchgeführt und dauern von einer Woche bis hin zu mehreren Jahren. Solche Großprojekte kommen in der Schulpraxis eher selten vor. (vgl. FREY 1982, S. 18f.)

Es gibt die Begriffe Projektunterricht, projektartiger Unterricht, projektorientierter Unterricht, Projekt und Projektmethode. Alle haben die gleiche oder ähnliche Bedeutung, sind also sinnverwandte Wörter. Zwischen den einzelnen Begriffen Grenzen zu ziehen ist heikel. Der Kommentar zum Lehrplan versucht die einzelnen Begriffe zu definieren: „Als 'Projekt' könnte ein konkretes, umfassendes Vorhaben mit deutlicher Produktorientierung, als 'Projektmethode' eine spezifische Unterrichtsmethode, die wesentliche Projektmerkmale vorsieht, bezeichnet werden. Von 'Projektunterricht' könnte gesprochen werden, wenn eine Form des Unterrichts gemeint ist, die möglichst viele Projektmerkmale realisiert; sind nur einige Projektmerkmale vorhanden, wird vom 'projektorientierten Unterricht' gesprochen" (KOMMENTAR ZUM VS-LEHRPLAN 1990, S. 133).

Aus dieser Definition geht klar hervor, dass das projektorientierte Arbeiten die Form ist, mit der man beginnen wird, Projektneulinge in die neue Unterrichtsform einzuführen. „Projektunterricht ist eine besondere Unterrichtsform, die - gerade wegen ihrer Besonderheiten - von Lehrern und Schülern schrittweise gelernt werden muss. Es ist deshalb zu empfehlen, mit kleinen Schritten in anderen Unterrichtsformen zu beginnen - also projektorientiert zu arbeiten; d.h. Elemente des Projektunterrichts zu erproben, ohne gleich alle Ansprüche dieser besondern Unterrichtsform erfüllen zu wollen." (BASTIAN/GUDJONS, 1989, S. 11) Für Schüler der Volksschule, die noch keinerlei Erfahrungen mit Projekten haben, ist dies zu Beginn sicher die geeigneteste Methode.

2. Aufbau eines Projektes

Jedes Projekt gliedert sich in einzelne Phasen. Diese Phasen werden von den Autoren unterschiedlich benannt. Im Grunde unterscheiden sich die Modelle aber nur geringfügig von einander. Der hier verwendete Projektaufbau stammt von MAYER (vgl. MAYER 1988, S. 47 ff.). Sein Aufbau orientiert sich jedoch am Projektaufbau, den FREY in seinem Buch „Die Projektmethode" ausführlich beschreibt (vgl. FREY 1982, S. 54 ff.). MAYER teilt ein Projekt in folgende 5 große Schritte ein:

PROJEKTINITIATIVE
PROJEKTSKIZZE
PROJEKTPLAN
PROJEKTDURCHFÜHRUNG
REFLEXION

2.1 Themenfindung - Projektinitiative

In dieser Phase des Projekts kann man eigentlich noch gar nicht von einem Projekt sprechen, es entsteht erst. Ein Mitglied der Gruppe macht einen Vorschlag. FREY (vgl. 1982, S. 54 ff.) nennt diese Art der Themenfindung „offene Ausgangssituation". Diese offene Ausgangssituation ist der Optimalfall und kann von Projektneulingen sicher nicht erwartet werden. Es gibt verschiedene Wege auf ein mögliches Projektthema zu kommen. Optimal wäre, wenn sich das Thema spontan aus dem Unterricht heraus ergibt. Das ist der Fall, wenn ein besprochenes Thema einige Kinder genauer interessiert, wenn sich einige Schüler ausführlicher und noch länger mit diesem Thema auseinandersetzen wollen. Die Anregung kann auch von einem Kind kommen, das eine Frage stellt, die nicht zum Stoff gehört. Diese Frage könnte aufgegriffen, und bei mehrheitlichem Interesse ein Projektthema werden. Eine weitere Möglichkeit der Themenfindung ist die Themenliste. Der Lehrer listet die Themen, für die er sich entschieden hat, auf. Die Schüler wählen nun das Thema aus, das sie am meisten interessiert. Um die Entscheidung für ein bestimmtes Thema fällen zu können, muss jeder eine Minimalinformation über das Gebiet bekommen. Erst dann kann sich jeder einzelne Schüler für oder gegen ein bestimmtes Thema entscheiden. Diese erste Information wird vom Lehrer geben, der durch stimulierende Hinweise die Kinder für ein bestimmtes Thema motivieren kann. RÖSELER (vgl. 1975, S. 30) nennt diese Phase daher

Motivation und Zielentscheidung. In dieser Phase muss genau geprüft werden, ob die Schüler wirklich genug Interesse am Thema haben, denn das ist für den Erfolg oder Misserfolg eines Projektes ausschlaggebend. Die Themenfindung könnte auch so vor sich gehen, dass der Lehrer einen Oberbegriff vorgibt und die Schüler auffordert, aufzuschreiben, was ihnen dazu einfällt und was man dazu unternehmen könnte. Eine andere Möglichkeit wäre die Ausschreibung eines Ideenwettbewerbs. Anregungen für ein Projekt können aber natürlich auch vom Lehrer oder von den Eltern kommen. Nach FREY ist es ein wesentliches Merkmal der Projektinitiative, dass in diesem Stadium noch kein Bildungswert enthalten sein muss. Damit meint er, dass der Vorschlag weder einen wertvollen Sachverhalt noch ein Problem behandeln muss. „Die Projektinitiative wird für die Beteiligten erst allmählich zur Bildung, indem sie sich mit ihr in einer bestimmten Weise auseinandersetzen und zu einem Betätigungsgebiet entwickeln." (FREY 1982, S. 55) Am Ende dieser Phase sollten sich die Beteiligten für ein Projektthema entschieden haben.

2.2 Auseinandersetzung mit der Projektinitiative - Projektskizze

Bevor nun in dieser zweiten Phase damit begonnen wird, sich mit der Projektinitiative auseinander zu setzen, sollten die sogenannten Rahmenbedingungen festgelegt werden. Zu diesen Rahmenbedingungen gehören die Spielregeln, die man im Umgang miteinander anzuwenden hat.

Sie werden gemeinsam erarbeitet und auf einem Plakat in Stichworten schriftlich festgehalten. Dieses Plakat wird in der Klasse aufgehängt, damit keiner die Spielregeln vergisst. Auf einem zweiten Plakat sollte der Zeitrahmen festgehalten werden. Darauf steht wann und wie lange gearbeitet wird, wann das Material gesichtet wird...

Nun beginnt die Erarbeitung eines ersten Arbeitsplans. „Die Projektskizze ist kein ausgefeilter Projektplan. Vielmehr umreißt sie das Gebiet, in dem die Teilnehmer künftig tätig werden wollen" (FREY 1982, S. 76). Die Projektgruppe sucht nach Unterthemen, die sie gerne bearbeiten möchte. Der Lehrer schreibt diese Unterthemen auf Kärtchen. Nach dieser Sammlung werden die Themen nach Bereichen geordnet. Die Schüler haben dann die Möglichkeit, ihr Namenskärtchen zu dem Themenkomplex zu legen, der sie am meisten interessiert. So bilden sich in dieser Phase auch die Arbeitsgruppen.

BASTIAN teilt den Vorgang der Bildung der Projektgruppen in 4 Phasen:

Zuerst soll alles gesammelt werden, was die Schüler mit dem Thema verbinden. Er meint damit Fragen, Vermutungen und Vorwissen.

In Phase zwei werden die Schülerassoziationen vom Lehrer zu thematischen Schwerpunkten zusammengefasst. Die daraus entstehenden Themen werden auf ein Plakat geschrieben. „Es ist wichtig, dass sie inhaltlich tragfähig sind und eine projektbezogene Arbeitsweise dabei möglich ist" (BASTIAN 1989, S. 75).

Phase drei beschäftigt sich mit der Koordination der Schülerinteressen und den Projektgruppenthemen. Die nun entstehenden Schülergruppen arbeiten bis zum Ende des Projekts zusammen. Von BASTIAN kommt auch der Vorschlag, dass jeder Schüler auf ein Kärtchen zwei Themen seiner Wahl schreibt. Ist die Gruppe der „Erstwahl" schon überbesetzt, wird versucht, den Schüler in die Gruppe der „Zweitwahl" zu gruppieren.

In Phase vier sollten die einzelnen Projektarbeitsgruppen ihren Arbeitsplan entwerfen. Dazu ist es notwendig, dass die einzelnen Gruppen erfahren, wo sie grundlegende Informationen herbekommen können (vgl. BASTIAN 1989, S. 74 f.). Jetzt ist es auch an der Zeit, die Eltern in den Plan einzuweihen. Das kann durch einen Brief über Projektthema (auch Unterthemen) und Zeitrahmen geschehen. Falls die Eltern nicht schon vorher über Projektarbeit informiert wurden, sollte das spätestens jetzt in Form eines Elternabends geschehen. Auch die Schuldirektion sollte jetzt über das Projektthema informiert werden.

In der Klasse sollten einige Veränderungen vorgenommen werden. Es ist wichtig, dass genügend Platz für das gesammelte Material vorhanden ist. Weiters schlägt MAYER vor, dass die von Schülern und Lehrer mitgebrachten Bücher auf einem Tisch aufgelegt werden und so für alle greifbar sind. Auch in dieser Phase darf nicht vergessen werden, dass das soziale Lernen genauso wichtig ist, wie der sachliche Inhalt. Konflikte, die auftreten, müssen gemeinsam in der Gruppe gelöst und die vereinbarten

Spielregeln eingehalten werden (vgl. MAYER 1988, S. 51 ff.).

2.3 Projektplan

„Durch diese Komponente erhält die Projektinitiative ihre Konturen. Die Teilnehmer machen aus der Initiative ihr eigenes Projekt. Sie entwickeln aus den ersten Phantasien ein realisierbares Vorhaben. Sie machen sich klare Vorstellungen vom möglichen Endpunkt, äußern ihre Wünsche für die eine oder andere Tätigkeit, entwerfen Ablaufpläne, klären Realisierungsbedingungen ab und verteilen untereinander die Aufgaben. Falls nötig, üben sie fehlende Fertigkeiten, die später benötigt werden. Am Ende steht fest, wer im weiteren Verlauf des Projektes welche Art von Tätigkeiten intensiv für eine längere Zeit ausführen wird." So beschreibt FREY (1982, S. 100 f.) das Geschehen in dieser Phase. Gerade bei der Erstellung des Projektplans soll jedes Mitglied der Projektgruppe seine Wünsche und Bedürfnisse bekannt geben. Die Arbeit in der Gruppe und das Projektlernen überhaupt setzen ein gutes Verständnis, Kooperationsbereitschaft und Arbeitsteilung innerhalb der Gruppe voraus. Ohne diese Faktoren ist Projektlernen nicht möglich. Damit es nicht zu schweren Konflikten kommt, ist es wichtig, dass die Schüler lernen, ihre Gefühle zu äußern. Gefühle können durch Gesten und Reaktionen gezeigt, oder verbalisiert werden. Das Zeigen von Gefühlen kann man sicher nicht von einem Tag auf den anderen erlernen, sondern es sollte meiner Meinung nach vom ersten Schultag an geübt werden (vgl. FREY 1982, S.107 f.).

RÖSELER (1975, S. 30) drückt die zu behandelnde Frage dieser Phase so aus: „Was müssen wir (wie) tun, um unser Ziel zu erreichen?" Schüler nennen nun ihre Wünsche und Absichten, die eine bestimmte Tätigkeit betreffen, teilen die Arbeit innerhalb der Gruppe nach Wünschen und Fähigkeiten auf, sammeln Material, besorgen die nötigen Geräte und besprechen die Gestaltung des Höhepunkts. Diese Phase beinhaltet nicht nur die Planung der Aktivitäten, sondern auch die Planung der Informationsbeschaffung. Am Ende dieser Phase sollte der Projektplan in der Klasse aufgehängt werden. Darauf sollte nun zu lesen sein, „welche Gruppe welche Aufträge in welcher Zeit und auf welche Weise durchführt" (RÖSELER 1975, S. 32).

Bei den ersten Projektversuchen einer Volksschulklasse reicht es, wenn der Projektplan aus beschlossenen und aufgeschriebenen Arbeitsaufträgen besteht. Die Grobziele stehen fest. Es ist Zeit, den Bezirksschulrat durch eine schriftliche Mitteilung über das Projekt zu informieren. Darin sollte neben dem Thema und den Grobzielen auch stehen, wer das Projekt durchführt, ob Referenten eingeladen sind, wann und wo der Unterricht außerhalb des Schulgebäudes durchgeführt wird und ob aus organisatorischen Gründen eine Umstellung des Stundenplans erforderlich ist.

2.4 Projektdurchführung

Diese Phase ist die logische Folgerung der vorhergehenden. Der Projektplan ist fertig. Jetzt wird danach gearbeitet. In der Schulpraxis könnte diese Phase in zwei Abschnitte unterteilt werden:

> * projektvorbereitende Phase
> * Projektwoche

Während der Vorbereitungsphase müssen keine großartigen Stundenplanänderungen vorgenommen werden. Man kann sich auf einige Stunden einigen, die für die Arbeit am eigenen Aufgabenbereich zur Verfügung stehen. Im Unterschied dazu steht während der Projektwoche die gesamte Unterrichtszeit den Schülern für die Arbeit am Projekt zur Verfügung. Falls auch außerhalb des Schulgebäudes gearbeitet werden muss, wird das auch in der Projektwoche geschehen. Ganz wichtig sind die kurzen Unterbrechungen während der Arbeit, die sogenannten Fixpunkte. Diese Fixpunkte dienen dem Informationsaustausch. Es wird berichtet, woran gerade gearbeitet wird, was schon fertiggestellt wurde, was als nächstes auf dem Plan steht und wo Hilfe benötigt wird.

Sind die Schüler mit der Ausarbeitung ihres Themenbereiches fertig, beginnen sie die gewonnenen Informationen zusammenzufassen. Dies kann in verschiedener Form geschehen. Schüler erstellen Informationsblätter für die anderen Projektgruppenmitglieder, sie schreiben Plakate, kleben Fotos auf und beschriften diese... Der

Zeitpunkt des Projektabschlusses rückt immer näher. Für die Gestaltung des Abschlusses gibt es auch verschiedene Möglichkeiten. Je nach Thema kann der Abschluss eine eigene Ausstellung, eine Feier, die Präsentation der entstandenen Zeitung oder des Filmes oder aber eine Aufführung sein. So ein bewusster Abschluss zeigt das Ergebnis der Öffentlichkeit. Zu einer Ausstellung laden die Kinder die Eltern, andere Schulklassen oder sogar andere Schulen ein. Sie sind bei dieser Ausstellung die Experten. Es ist wichtig, dass sich jedes Kind mit dem Resultat identifizieren kann. Ein Höhepunkt zum Abschluss könnte auch der Besuch einer zum Thema passenden Veranstaltung sein. In der Broschüre des Stadtschulrates für Wien wird es als entscheidend empfunden, „dass die Schüler einen Höhepunkt erleben und Anerkennung und Kritik ihrer Arbeit erfahren" (STADTSCHULRAT FÜR WIEN, S. 15).

2.5 Reflexion

Diese Phase ist sehr wichtig, denn nun wird gemeinsam das Projekt nochmals überdacht. RÖSELER nennt Leitfragen, die in der Reflexionsphase besprochen werden sollen (1975, S.34). Die erste Frage ist sicher die, ob das Ziel erreicht wurde. Es wird besprochen, was während des Projekts gut und was schlecht funktioniert hat. Positive Erfahrungen und Vorgangsweisen können notiert werden, um bei einem neuen Projekt wieder als Anregung zu dienen. Aus den negativen Erfahrungen kann man lernen. Nächstes Mal wird es anders gemacht. „Projekte, die in reiner Selbstzufriedenheit enden, verfehlen den Sinn des Projektunterrichts. Vielmehr gilt es, sich über die positiven und negativen Erfahrungen aller Beteiligten im Rahmen einer Projektkritik klar zu werden und dies, wenn möglich, im Hinblick auf zukünftige Projekte etwa im Rahmen eines Projektberichtes festzuhalten" (STADTSCHULRAT FÜR WIEN, S.16).

In einem Projektbericht könnte die gesamte Koordination, das Funktionieren der Zusammenarbeit innerhalb der Gruppe und zwischen den einzelnen Gruppen, die erworbenen Fähigkeiten und Fertigkeiten, die Gefühle und Konflikte der Teilnehmer usw. festgehalten und beschrieben werden. Weitere Fragen, die man sich in der Phase der Reflexion stellen sollte, sind z.B. die Frage nach dem, was ich persönlich dazugelernt habe und wie sich die Beziehungen in der Klasse verändert haben (vgl. TEML 1983, S.189).

3 Merkmale des Projektunterrichts gegenüber dem herkömmlichen Unterricht

Der Projektunterricht unterscheidet sich in vieler Weise vom herkömmlichen Unterricht. Vielleicht wäre es von Vorteil, zuerst zu untersuchen, was Projektunterricht und der traditionelle Unterricht gemeinsam haben. Nun, beim Projektunterricht geht es um ein „...geplantes und von Inhalten bestimmtes Geschehen zum Zweck des Lernens" (BASTIAN/GUDJONS 1989, S. 11). Projektunterricht hat, wie der traditionelle Unterricht auch, einen Anfang, ein Ende, ein Ziel und eine Methode. Aber - er hat auch immer sich selbst zum Gegenstand (vgl. BASTIAN/GUDJONS 1989, S. 11).

Abgesehen von der Themenwahl, die sonst der Lehrer vornimmt, und der Gleichwertigkeit von kognitivem, sozialem, emotionalem und manuellem Lernen, gibt es eine Vielzahl von Merkmalen, die erwähnenswert sind (vgl. MAYER 1988, S. 18 ff.). Der Lehrer ist im

Projektunterricht nicht derjenige, der die Gruppen einteilt, sondern er überlegt sich, wie Kinder zu einer Gruppe werden. Es ist klar, dass es bequemer und auch viel schneller geht, wenn der Lehrer die Schüler so zusammensetzt und in Gruppen teilt, wie er es für gut hält. Dadurch gehen aber wertvolle Lernprozesse für die Kinder verloren. „Gruppenbildung ist eine soziale Intervention mit großer emotionaler Bedeutung für die Betroffenen" (GRUNDSATZERLASS ZUM PROJEKTUNTERRICHT 1992, S.20).

Es ist wichtig, dass alle Beteiligten einigermaßen mit der Einteilung zufrieden sind. Ein weiteres Plus und Merkmal ist die Motivation. Beim Projektunterricht handelt es sich um eine Primärmotivation, die durch das Interesse am Thema selbst erzeugt wird. Der herkömmliche Unterricht lebt von der Sekundärmotivation, die durch die methodische Aufbereitung entsteht.

Auch die primäre Arbeitsform beim Projektunterricht, die Gruppenarbeit, ist ein Vorteil. STEINDORF beschreibt die Vorzüge des Projektunterrichts so: „Der Gruppenunterricht tritt als neue Form des mittelbaren Unterrichts mit dem Anspruch auf, im Vergleich zu anderen didaktischen Lehrweisen, vor allem zum Frontalunterricht, die effektivere Stilform hinsichtlich des Leistungsaufkommens des Schülers sowie der Ausbildung sozialer Verhaltensweisen zu sein. Bestimmte Aufgaben (gleichartige oder verschiedenartige Themen) werden (freien oder festen) Tischgruppen von 3 bis 4 (selten 5 bis 6) Schülern zu selbständiger Bearbeitung zugewiesen. Die einzelnen Schülergruppen werden auf diese Weise zu den eigentlichen Trägern des Lernprozesses" (STEINDORF 1985, S. 166).

Es zeigt sich auch ein Unterschied zwischen den Produkten, die der traditionelle und der projektorientierte Unterricht hervorbringen.

Das Produkt des traditionellen Unterrichts ist meistens ein Wissen, das im Anschluss an das Gelernte reproduziert werden soll. Beim projektorientierten Lernen steht der Gebrauchs- oder Mitteilungswert im Mittelpunkt. Das geschieht, indem der kognitive Lernprozess mit Handlungen verknüpft wird und dadurch begreifbar wird. Das Wissen wird nicht nur angeeignet, sondern es wird auch gelernt, dieses Wissen weiterzugeben, es anderen zu vermitteln. Geistige und körperliche Arbeit, Theorie und Praxis ergänzen sich (vgl. BASTIAN/GUDJONS 1989, S. 8 ff.).

„Traditioneller Unterricht versucht, primär im Lehrgang Fach-Wissen zu vermitteln; gleichzeitig soll das Interesse der Schüler geweckt werden. Die Hilfsmittel des traditionellen Unterrichts sind bekannt: Motivationsarbeit und Leistungskontrolle durch den Lehrer. Das System funktioniert (wenn auch nicht mehr in allen Schulformen) und sichert kurzfristig abfragbares Wissen. Ob es darüber hinaus Bewusstsein schafft (d.h. personale Identifikation mit erarbeiteten Erkenntnissen), wird bezweifelt" (BASTIAN, 1989, S.73).

Der Projektunterricht ermöglicht es, dass Schüler zu Journalisten werden. Der Schüler muss herausfinden, wo er was erfahren kann und wie er an bestimmte Informationen herankommt. Dazu schreibt DUNCKER (1989, S. 57): „Der Schüler erfährt in der journalistischen Tätigkeit, wie die Steinbrucharbeit der Herauspräparierung von Wissen vor sich geht. Information liegt nicht einfach abrufbereit da, sondern entsteht erst unter seinem Zugriff." Beim projektorientierten Arbeiten ist ein Schüler einmal Experte und ein anderes mal Laie. In bestimmten Gebieten sind Schüler, die sich mit dem Thema schon in ihrer Freizeit beschäftigt haben, dem Lehrer sicher überlegen. Sie sind nun die Experten, die anderen die Laien.

Aufgabe der Laien ist es nun, durch Fragen möglichst viel von den Experten zu erfahren. Die Laien müssen darauf achten, dass die Spezialisten nicht beginnen, mit Fachausdrücken um sich zu werfen (vgl. DUNCKER 1989, S. 57 f.).

3.1 Die Rolle des Lehrers im Projektunterricht

„Projektunterricht ist die einzige Unterrichtsform, in der das Planungsmonopol des Lehrenden zugunsten eines kooperativen Planungsprozesses aufgegeben wird"(BASTIAN 1989, S. 72).

FREY bezeichnet die Rolle des Lehrers im Projektunterricht als „Hintergrundlehrer". Er meint damit, dass der Lehrer die Schüler unterstützt, wenn es nötig ist, Hilfe gibt und berät.

„Der Schüler darf nicht mehr - als Objekt der Lehrertätigkeiten - einen festen Platz in den vom Lehrer strukturierten Unterrichtsprozessen zugewiesen erhalten, sondern er muss als ´Subjekt´ des Unterrichts vom Lehrer gesehen werden. Ein solches ´Subjekt´ kann der Lehrer allerdings nicht mehr verplanen; ´Subjekte´ sprechen miteinander, sie geben einander keine Befehle" (KAUSSEN 1975, S.39).

In der Broschüre des Bundesministeriums für Unterricht und Kunst wird die Rolle des Lehrers als koordinierender Berater und Helfer, Konfliktmanager, Moderator, Experte und Mitlernender beschrieben (vgl. GRUNDSATZERLASS ZUM PROJEKTUNTERRICHT 1992, S. 24).

Es ist auch möglich, dass der Lehrer mit einzelnen Schülern oder einer Gruppe mitarbeitet. Dieses Mitarbeiten in einer Gruppe als gleichwertiges Mitglied kann Probleme verursachen. Manchmal ist es für Schüler schwer, den Lehrer in seiner neuen Rolle als Gruppenmitglied zu akzeptieren. Wichtig ist, dass sich die Schüler an die neue Rolle des Lehrers langsam gewöhnen können. Er zieht sich langsam aus seiner üblichen Rolle zurück. Am Anfang ist das sicher nicht immer leicht. Der Lehrer hilft nicht mehr sofort, wenn ein Problem auftaucht, er räumt nicht mehr alle möglichen Schwierigkeiten und Probleme aus dem Weg, sondern hilft nur mehr, wenn es unbedingt notwendig ist. Nicht nur die Schüler müssen sich an die neue Rolle des Lehrers gewöhnen, sondern auch der Lehrer selbst. Während eines Projekts können zahlreiche Krisen auftauchen, mit denen der Lehrer nicht gerechnet hat. TEML meint, dass es sicher gut ist, wenn der Lehrer im Rahmen von Fortbildungsveranstaltungen selber die Schwierigkeiten und Frustrationen erlebt, die während der Arbeit auftauchen können. Diese Erfahrungen werden ihm sicher helfen, in der Klasse angemessen zu reagieren (vgl. TEML 1983, S. 188).

„Manchmal ist es sehr schwer für den Lehrer, nicht einzugreifen, auch auszuhalten, dass vielleicht über einen längeren Zeitraum nichts Produktives passiert" (MAYER 1988, S. 46). Der Lehrer gibt den Schülern die Chance aus ihren eigenen Fehlern zu lernen (vgl. FREY 1982, S. 176 ff; MAYER 1988, S. 45 f.).

3.2 Argumente für Projektlernen

Die Art und Weise, wie sich Kinder und Jugendliche Kultur aneignen, hat sich geändert. GUDJONS sieht die Möglichkeiten der Aneignung als Spanne zwischen zwei Polen. Der eine Pol heißt „Aneignung durch Konsumieren", der andere „Eigentätigkeit". In unserer Zeit steht die konsumistische Aneignungsweise an erster Stelle. Das Kind macht die Erfahrungen nicht mehr selber, sondern bekommt sie aus zweiter Hand. Es macht kaum noch Primärerfahrungen, sondern bekommt die Sekundärerfahrungen vorgesetzt. Von klein auf wird das Kind mit technischen Errungenschaften, die unser tägliches Leben erleichtern sollen, konfrontiert. Ein weiteres Phänomen unserer Zeit, das große Auswirkungen auf die Kindheit hat, ist der Wandel von der Großfamilie zur Kleinfamilie. Dieser Wandel der Kindheit hat zum „...Verlust anregender sinnlich - unmittelbarer, aber auch sozialer Erfahrungen im tätigen Umgang mit Dingen und Menschen geführt" (GUDJONS 1989, S. 48).

Früher hatten Kinder die Möglichkeit, Erfahrungen durch Eigentätigkeit selbst zu sammeln.

Das ist heute deshalb schwer möglich, weil der Handlungsbereich der Kinder eingeengt wurde. Für Kinder gibt es das Kinderzimmer, den Spiel- und Sportplatz. All diese Spezialräume sind vom wirklichen Leben getrennt. Das Fernsehen ist das Paradebeispiel für Erfahrungen aus zweiter Hand. Die Kinder erfahren theoretisch alles, aber schon gefiltert, aufbereitet und gedeutet. Erfahrungen brauchen aber Eigentätigkeit. Die Schule kann das Defizit der fehlenden Primärerfahrungen verringern, indem sie vom Spezialraum zum Raum wird, in dem eigentätig Primärerfahrungen gesammelt werden können (vgl.GUDJONS 1989, S. 47 f.)

Es ist kein Geheimnis, dass sensorische und motorische Aktivitäten das Lernen beeinflussen. „Die Ergebnisse und Befunde der Erforschung von Verarmung und Entzug sinnlicher Reize (Deprivationsforschung) legen die hohe Bedeutung einer ausreichenden Beanspruchung der Sinnes- und Bewegungsorgane im Rahmen einer anregungsreichen Umwelt nahe" (GUDJONS 1989, S. 49).

Durch reizarme Arbeit wird die psychische Aktivität herabgesetzt. Die Folgen sind Antriebsmangel, Müdigkeit und Konzentrationsschwierigkeiten. Die Lernpsychologie hat herausgefunden, dass Müdigkeit nicht nur eine Folge von Anstrengung, sondern auch Folge des Gegenteils sein kann. Deswegen ist es wichtig, dass die Anforderungen an die Schüler genau ihrem Aktivierungsniveau entsprechen. Eintönige Arbeit sollte also unter allen Umständen vermieden werden. Aus der Lernpsychologie sind einige Methoden bekannt, wie in ein neues Stoffgebiet am besten eingedrungen wird und wie Lerninhalte besser im Gedächtnis bleiben. „Wir müssen einführende Informationen verarbeiten, Querverbindungen herstellen, Zusammenhänge erkennen; wir müssen Erarbeitetes üben und möglichst vielfältige Anwendungen erproben" (GUTTMANN 1991, S. 2). Genau das passiert beim Projektlernen. Alles, was man selbst gemacht und ausprobiert hat, bleibt länger im Gedächtnis als das, von dem man nur gehört hat. Wird bei einem Lernprozess eine Bewegung ausgeführt, so erinnert man sich später eher daran. Das motorische Handeln ist für das Gedächtnis wichtig. „So wie in der Entwicklung der Menschheit der archaische Gedenkstein (der an etwas erinnerte, was sich begeben/'bewegt' hatte), durch die sprachlichen Berichte und schließlich durch Bibliotheken abgelöst wurde, so überlagert in der kindlichen Entwicklung das intellektuelle Sprachgedächtnis immer stärker das ursprüngliche Bewegungsgedächtnis" (GUDJONS 1989, S. 50). Ein Argument, das speziell für das Projektlernen spricht, ist das „Zusammenhangdenken". „Der schulische Fachunterricht hat die Zusammenhänge des Lebens in Fächer gegliedert, er hat die komplexe Wirklichkeit neu geordnet" (GUDJONS 1989, S. 51). Das Leben ist aber nicht in Fachgebiete unterteilt, Probleme sind nicht einem Fach zuzuordnen. Sie können von einem Fach ihren Ausgang nehmen, können danach aber in die unterschiedlichsten Fächer hineinreichen. Natürlich werden auch beim Projektlernen fachliche Kenntnisse und Fähigkeiten gebraucht, doch muss der Zusammenhang zwischen den Problemen erkannt werden. Das Projektlernen versucht weiters das Handeln mit dem Denken zu verbinden. Die Einsichten, die durch das Handeln gewonnen wurden, müssen mit der kognitiven Struktur verknüpft werden.

Denken und Handeln gehören zusammen. Weder das alleinige Lernen aus Büchern, noch die bloße Tätigkeit ermöglichen einen optimalen Lernprozess (vgl. GUDJONS 1989, S. 47 ff.).

4 Lehrplan und Projektunterricht

„Projektunterricht versucht, Lernprozesse an den Interessen der Beteiligten zu orientieren; gleichzeitig ist er aber verpflichtet, sich vor den Ansprüchen der jeweiligen Fachdidaktiken und Lehrpläne zu legitimieren" (BASTIAN 1989, S. 73). Wie überwindet man den Widerspruch, der durch die Interessen der Lernenden im Gegensatz zum Inhalt des Lehrplans entsteht? BASTIAN zeigt dafür 3 Modelle auf.

Wie alle Dinge, hat auch jedes dieser Modell seine Vor- und Nachteile.

1. „Vor dem Projektunterricht werden grundlegende inhaltliche und fachliche Kenntnisse vermittelt" (BASTIAN 1989, S. 74).

Positiv ist bei diesem Modell, dass die Schüler bei Projektbeginn schon einen Grundstock an Wissen haben. Nun können im Projekt weitere Interessen behandelt werden. Als möglicher Nachteil wird angegeben, dass die Schüler nun nicht mehr unbeeinflusst sind und nicht mehr den eigenen Interessen folgen.

2. „Während des Projektunterrichts werden gezielte Instruktionsphasen (Lehrgangseinheiten) integriert" (BASTIAN 1989, S. 74).

Bei diesem Modell ist sicher positiv hervorzuheben, dass der Lehrer genau die Informationen weitergeben kann, die die Schüler gerade für ihre Arbeit brauchen. Er kann auch Teilgebiete behandeln, die von den Schülern bei ihrer Arbeit vernachlässigt wurden oder korrigiert werden müssen. Es kann allerdings vorkommen, dass die Schüler diese Instruktionsphasen als störend empfinden. Sie sind gerade in die Arbeit vertieft und werden durch diese Instruktionsphase wieder herausgerissen. Es ist klar, dass den Schülern dann die eigene Arbeit wichtiger ist.

3. „Nach der Projekteinheit wird im Fachunterricht auf der Basis dessen, was die Schüler erarbeitet

haben, ergänzt, verknüpft und vertieft." (BASTIAN 1989, S. 74).

Dieses Modell bietet dem Lehrer die Möglichkeit, nach Abschluss der Projekteinheit gezielt das nachzuarbeiten, was von den Schülern nicht oder nicht ausreichend behandelt wurde. Die Schüler identifizieren sich mit diesem Thema. Sie sind auf diesem Gebiet „Experten". Es können nun Teilaspekte bearbeitet werden, für die im lehrerzentrierten Unterricht normalerweise keine Zeit bleibt. Ein Nachteil kann sein, dass die Schüler den Eindruck haben, jetzt beginnt erst das richtige „Lernen". Jetzt will der Lehrer doch das durchmachen, was er für wichtig hält.

Diese drei Modelle unterscheiden sich im Zeitpunkt der Instruktionsphasen. Es hängt sicher vom Alter der Schüler, von der Erfahrung der Projektgruppe mit Projektlernen,... ab, welche Methode gewählt wird.

Was steht im Lehrplan konkret über Projektlernen geschrieben? Schon in den allgemeinen Bestimmungen kann man lesen, dass die Trennung in einzelne Unterrichtsgegenstände im Bereich der Volksschule zu vermeiden ist und der Unterricht sich an den Interessen, Erfahrungen und Bedürfnissen orientieren soll, sofern dies möglich ist. Im mindesten sollen die Bedürfnisse und Erfahrungen in den Unterricht miteinbezogen werden. Es wird auch empfohlen, sich nicht an die Zeiteinheit „Unterrichtsstunde" anzuklammern (vgl. LEHRPLAN DER VOLKSSCHULE 1989, S. 25).

Punkt vier der allgemeinen Bestimmungen heißt „Unterrichtsprinzipien". An dieser Stelle wird darauf hingewiesen, dass die folgenden Prinzipien nicht einem Fach zuzuordnen sind, sondern fächerübergreifend zu bearbeiten sind. Dabei sollen alle Querverbindungen genutzt, alle geeigneten Unterrichtsmittel eingesetzt und allenfalls außerschulische Experten herangezogen werden. „Für die Umsetzung bieten sich vor allem projektorientierter Unterricht und Formen offenen Unterrichts an" (LEHRPLAN DER VOLKSSCHULE 1989, S. 26).

Der Lehrplan gewährt uns Methodenfreiheit, fordert aber, dass verschiedenste Lernformen angeboten werden. „Ausgehend von den eher spielorientierten Lernformen der vorschulischen Zeit soll zu bewusstem, selbständigem, zielorientiertem Lernen hingeführt werden" (LEHRPLAN DER VOLKSSCHULE 1989, S. 28).

Unter den angeführten Lernformen findet man auch „projektorientiertes Lernen". Punkt acht der allgemeinen Bestimmungen nennt sich „Zusammenarbeit mit Erziehungsberechtigten, schulischen und außerschulischen Einrichtungen". Die Möglichkeiten, Erziehungsberechtigte an projektorientiertem Unterricht teilhaben zu lassen, ist sicher eine gute Möglichkeit, den Kontakt zwischen Schule und Elternhaus zu fördern. Es wird vom Lehrplan verlangt und ist für projektorientiertes Arbeiten ein Muss, dass die Eltern über den Inhalt und die Gestaltung des Unterrichts informiert werden (vgl. LEHRPLAN DER VOLKSSCHULE 1989, S. 24 ff.).

Soziales Lernen ist im Lehrplan verankert und ein besonders wichtiger Aspekt, der im projektorientierten Lernen gefordert und gefördert wird. Zur Durchführung des sozialen Lernens finden die Verfasser des Lehrplans folgende Situationen für geeignet: „das Mit- und Voneinanderlernen, das gegenseitige Helfen und Unterstützen, das Erwerben einfacher Umgangsformen, das Entwickeln und Akzeptieren von Regeln..."(LEHRPLAN DER VOLKSSCHULE 1989, S. 37).

Im Rahmen des projektorientierten Unterrichts ergeben sich diese Situationen sicher. Im Lehrplan werden Rahmenbedingungen genannt, wie kooperative Arbeitsformen, Abbau zu starker Lenkung und Einschränkung von Konkurrenzsituationen, die die Selbsttätigkeit und Eigeninitiative der Schüler fördern sollen. Die im Lehrplan angesprochene Lebensbezogenheit, das Lernen aus Irrtümern und die Herstellung möglichst vieler Wechselbeziehungen ist beim projektorientierten Arbeiten sicherlich gegeben. Die Weckung von Neugier und Wissensbedürfnis werden vom projektorientierten Unterricht angestrebt und sind im Lehrplan verankert. Der Lehrer soll „... an die natürliche Aktivität der Kinder anknüpfen, und es gilt, möglichst viele und vielfältige Möglichkeiten für hantierenden Umgang bzw. für das Handeln zu eröffnen" (LEHRPLAN DER VOLKSSCHULE 1989, S. 39).

Es wird auch angeregt, dass Schüler in Gruppen zusammenarbeiten, die sich nach Interesse, Selbsteinschätzung, unterschiedlichen Lernvoraussetzungen, Freundschaftsbeziehungen usw. zusammensetzen. Zur Sicherung des Gelernten schlagen die Autoren des Lehrplans u. a. vor, dass das Gelernte in andersartigen Aufgabenstellungen und in verschiedenen Zusammenhängen verwendet wird. Dies trifft z.B. auf die fachspezifischen Tätigkeiten zu, die während eines Projektes von den Schülern gebraucht und verwendet werden (vgl. LEHRPLAN DER VOLKSSCHULE 1989, S. 36 ff.). Der Projektunterricht ist im Lehrplan „in den allgemeinen Bildungszielen, den allgemeinen und fachbezogenen didaktischen Grundsätzen, den Lehrplanbestimmungen der einzelnen Fächer, den Unterrichtsprinzipien" verankert (GRUNDSATZERLASS ZUM PROJEKTUNTERRICHT 1992, S.6).

Im Kommentar zum Lehrplan der Volksschule wird ebenfalls über das Thema „projektorientiertes Lernen" geschrieben. Hier werden, neben einem kurzen geschichtlichen Überblick, charakteristische Merkmale angegeben. Eines dieser Merkmale ist die Anknüpfung an reale Lebenssituationen unter Rücksichtnahme auf Interessen und Erfahrungen der Schüler. Das Produkt, das entsteht, soll nützlich und wertvoll sein. „Dabei kann es sich um vorzeigbare Gegenstände und Aktionen handeln oder um eine Verbesserung von Situationen." (KOMMENTAR ZUM LEHRPLAN DER VOLKSSCHULE 1990, S. 134).

Es wird auch die Zusammenarbeit mit Experten und außerschulischen Personen angesprochen und empfohlen. Die gemeinsame geistige und körperliche Arbeit von Lehrer und Schülern soll sich, unter Einbeziehung möglichst vieler Sinne, ergänzen. Man findet auch eine kurze Anleitung zur Durchführung eines Projektes. Dabei wird der mögliche Aufbau eines Projekts in sieben Phasen unterteilt.

Zu Beginn steht die Projektinitiative. Es wird auf die unterschiedlichen Möglichkeiten der Themenfindung hingewiesen. Weiter geht es mit der Informationsbeschaffung. In diese Phase wird auch das Erlernen von Techniken, die im Verlauf des Projektes gebraucht werden, eingeordnet. Die nächste Phase hat den Namen Informationsauswertung und Projektplanung. Nach der Auswertung der zusammengetragenen Informationen folgt nun die endgültige Planung. Arbeitsgruppen werden mit der Ausarbeitung einzelner Arbeitsschritte betraut. In der Phase der praktischen Vorbereitung werden die für das Vorhaben erforderlichen Materialien hergestellt. Die Verwirklichung des Projekts soll durch Fixpunkte unterbrochen werden. Ist das Vorhaben beendigt, soll über die Arbeit, Schwierigkeiten, Leistungen und Erfahrungen gesprochen werde. Diese Phase wird hier Überdenken des Vorhabens genannt. Für die Dokumentation des Projekts werden Ausstellungen, Projektzeitung, Projektmappe, Berichte, Fotos und Bilder vorgeschlagen. Diese Dokumentation kann auch Außenstehenden zugänglich sein (vgl. KOMMENTAR ZUM LEHRPLAN DER VOLKSSCHULE 1990, S. 133 ff.).

„Projektunterricht steht in Übereinstimmung mit den gesetzlich festgelegten Aufgaben der österreichischen Schule und der Unterrichtsarbeit." (GRUNDSATZERLASS ZUM PROJEKTUNTERRICHT 1992, S. 5).

4.1 Grundsatzerlass zum Projektunterricht

Der Grundsatzerlass erklärt die Wichtigkeit und Notwendigkeit des Projektunterrichts durch die Entwicklung der Gesellschaft. Es ist schwer, im Rahmen des traditionellen Unterrichts „die Entwicklung und Förderung von dynamischen Fähigkeiten und unterschiedlichen Begabungen zu ermöglichen" (GRUNDSATZERLASS ZUM PROJEKTUNTERRICHT 1992, S.3), obwohl dies der Rahmenlehrplan sehr unterstützt. Im Anschluss werden didaktische Leitlinien genannt (GRUNDSATZERLASS ZUM PROJEKTUNTERRICHT 1992, S. 3):

- Förderung und Integration der Lebensinteressen der Lernenden,
- Differenzierung nach den individuellen Möglichkeiten, Ansprüchen und Bedürfnissen der Lernenden innerhalb der Lerngruppe,
- Erwerb von Erkenntnissen und Bewusstmachung von Zusammenhängen und Strukturen anhand von Beispielen (exemplarisches Lernen),
- Vermittlung der Fähigkeit, selbständig zu lernen und mit Wissen umzugehen (Lernen lernen, Vermitteln lernen),
- Verbindung von theoretisch-begrifflicher Aneignung und Lernen durch konkretes Handeln und Experimentieren.

Weiters findet man allgemeine Zielsetzungen, die die vorrangigen Ziele des Projektunterrichts formulieren (GRUNDSATZERLASS ZUM PROJEKTUNTERRICHT 1992, S. 3):

- Autonomes Lernen und Handeln,
- Eigene Fähigkeiten und Bedürfnisse erkennen und weiterentwickeln,
- Handlungsbereitschaft entwickeln und Verantwortung übernehmen,
- Ein weltoffenes, gesellschaftlich-historisches Problembewusstsein ausbilden,
- Probleme erkennen, strukturieren und kreative Lösungsstrategien entwickeln,
- Kommunikative und kooperative Kompetenzen sowie Konfliktfähigkeit entwickeln,
- Organisatorische Zusammenhänge begreifen und gestalten.

LITERATURVERZEICHNIS

ANZENBERGER, Paul: Schülerorientierung und Projekteinstieg. In: Bundesministerium für Unterricht und Kunst: Schule gestalten - Projekte. Baden: Verlag G. Grasl 1988 a, S. 132-147.

ANZENBERGER, Paul: Widerstände gegen Projektunterricht aus dem Kollegenkreis Formen, Ursachen, Gegenstrategien. In: Bundesministerium für Unterricht und Kunst: Schule gestalten - Projekte.Baden: Verlag G. Grasl 1988 b, S. 148-156.

BASTIAN, Johannes: Projektunterricht planen. In: Pädagogik. Jg. 41 (1989), H. 7-8, S. 72-75.

BASTIAN, Johannes; GUDJONS, Herbert: Über die Projektwoche hinaus... Neue Konturen des Projektlernens. In: Pädagogik. Jg. 41 (1989), H. 7-8, S. 8-13.

BUNDESMINISTERIUM FÜR UNTERRICHT UND KUNST: Grundsatzerlaß zum Projektunterricht mit serviceorientiertem Anhang. Wien: Bundesministerium für Unterricht und Kunst 1992.

DER KLEINE STOWASSER. Kroisbach bei Graz: 1913.

DUNCKER, Ludwig: Projektlernen. Eine schultheoretische Ortsbestimmung. In: Pädagogik. Jg. 41 (1989), H. 7-8, S. 57-59.

FREY, Karl: Die Projektmethode. Weinheim, Basel: Beltz-Verlag 1982.

GUDJONS, Herbert: Begründungen. Lernpsychologische Argumente. In: Pädagogik. Jg. 41 (1989), H. 7-8, S. 47-52.

GUTTMANN, Giselher: Wir lernen Lernen. Hrsg.: Bundesministerium für Unterricht und Kunst, Schulservice.Wien: Bundesministerium für Unterricht und Kunst 1991.

KAUSSEN, Joachim: Die Rolle des Lehrers im projektorientierten Deutschunterricht. In: Tymister, Hans-Josef: Fach: Deutsch. Projektorientierter Deutschunterricht. Düsseldorf: Pädagogsicher Verlag Schwann, 1975.

KOMMENTAR ZUM LEHRPLAN DER VOLKSSCHULE. Wien: ÖBV, Jugend und Volk 1990.

LEHRPLAN DER VOLKSSCHULE Wien: ÖBV, Jugend und Volk 1989[4].

MAYER, Margit: Auf dem Weg zum Projektunterricht. In: Bundesministerium für Unterricht und Kunst, Schule gestalten - Projekte.Baden: Verlag G. Grasl 1988, S. 13-60.

MICHAELIS, Heinz-Joachim: Projektorientierter Unterricht - Möglichkeit zur Öffnung der Schule. In: Westermanns Pädagogische Beiträge. Jg. 30 (1978), H. 4, S. 156-159.

RÖSELER, Richard: Die planung des nichtplanbaren. In: betrifft: erziehung. Jg. 8 (1975), H. 2, S. 28-34.

SEMMERLING, Rüdiger: Projektlernen und Fachunterricht. Wie Projekterfahrungen die Lernlandschaft in der Schule verändern. In: Westermanns Pädagogische Beiträge. Jg. 39 (1987), H. 5, S. 19-23.

SEMMERLING, Rüdiger: Mit Projektlernen zum pädagogischen Programm. Eine Betrachtung zum Thema: Projekt Lernen oder Projektlernen? In: Grundschule. Jg. 23 (1991), H. 6, S. 16-19.

STADTSCHULRAT FÜR WIEN: Projektzentrum - Projektunterricht. Der Stadtschulrat für Wien informiert. Hrsg.: Stadtschulrat für Wien, 1010 Wien. (für den Inhalt verantwortlich: P. Anzenberger) Wien: Stadtschulrat für Wien. o.J.

STEINDORF, Gerhard: Grundbegriffe des Lehrens und Lernens. Bad Heilbrunn/Obb.: Klinkhardt Verlag 1985[2].

TEML, Hubert: Unterricht gestalten - Lernen fördern. Materialien zum schülerzentrierten Unterricht. Linz-Wien: Veritas-Verlag 1983.

Regina Deutsch

Sexualerziehung in der Grundschule

1. EINLEITUNG

Ständig werden Kinder und Jugendliche auf vielfältigste Weise auf das Leben vorbereitet, sei es im Kindergarten, in der Schule, in der Berufsausbildung usw. Doch auf das Wichtigste wird hierbei meist absichtlich vergessen, sie nämlich mit der Liebe, der Zärtlichkeit und der dazugehörenden Sexualität vertraut zu machen. Wie soll ein Kind später einmal eine gute Beziehung aufbauen, wenn es den eigenen Körper als Tabuzone erlebt, über den man, wenn nur, hinter vorgehaltener Hand spricht?

Dies ist auch der Grund, warum ich mich für das Thema Sexualerziehung entschieden habe. Da nicht nur die Eltern zur Sexualerziehung verpflichtet sind, sondern auch die Schulen einen wesentlichen Beitrag leisten müssen, sollen die folgenden Seiten vor allem den letztgenannten, und zwar den Grundschulen, Hilfe und Anregungen bieten. Es ist nämlich nicht nur Aufgabe der Sekundarschule, Sexualerziehung zu betreiben, was einige Grundschullehrer leider immer noch glauben oder sogar hoffen. Deshalb sollte es eine solche Sexualerziehung, wie ich sie in der Schule hatte, oder eher gesagt nicht hatte, in Zukunft nicht mehr geben. Meiner Meinung nach kann man damit nie zu früh beginnen, denn Kinder haben Fragen, auch wenn sie sich diese aus Gründen der Tabuisierung nicht zu fragen getrauen.

Daher habe ich alle wichtigen Faktoren, die man in Bezug auf Sexualerziehung wissen, beachten und durchführen sollte, aufgeschrieben. Zu Beginn habe ich darzustellen versucht, warum Sexualerziehung betrieben werden sollte und wann damit eigentlich begonnen werden soll. Auch auf den Rückblick der letzten Jahre wurde dabei nicht vergessen. Doch der wesentliche Teil betrifft den Lehrer in der Grundschule mit seinen Aufgaben und Zielen, wobei ihm die angeführten Unterrichtseinheiten bei der praktischen Umsetzung helfen sollen.

2. BEGRIFFSKLÄRUNG

2.1 SEXUALITÄT:

„Geschlechtlichkeit, allgemein die Unterscheidung männlicher und weiblicher Individuen auf Grund ihrer Geschlechtsmerkmale sowie - bei Eukaryonten - die Gesamtheit der Phänomene, die der genetischen Rekombination dienen; beim Menschen die Gesamtheit der geschlechtlichen Lebensäußerungen; in einem engeren Sinne die auf dem Geschlechtstrieb, einem auf geschlechtlicher Beziehung und Befriedigung gezielten Trieb, beruhenden Lebensäußerungen" (Brockhaus 1993, S. 180).

Der Begriff Sexualität wurde wissenschaftlich vermutlich zuerst von dem Botaniker August Henschel in einer Arbeit „Von der Sexualität der Pflanzen" 1820 verwendet und ausschließlich unter dem Fortpflanzungsaspekt thematisiert. Die folgende wissenschaftliche Verwendung des Begriffs umfasste dann die bis dahin als Trieb, Wollust und Geschlechtslust beschriebenen motivationalen Aspekte.

Gegen Ende des 19. Jahrhunderts konzentrierte sich die Sexualwissenschaft vorwiegend auf die als abweichend und ungewöhnlich aufgefassten Erscheinungsformen dieses neugefassten Feldes. Die Psychiatrie legte dabei das Augenmerk auf das Exotische der sexuellen Phänomene (vgl. Brockhaus 1993, S. 180).

2.2 SEXUALPÄDAGOGIK:

„Teilbereich der Erziehungswissenschaft, der sich um die theoretische Fundierung der gezielten Beeinflussung sexueller Einstellungen und Verhaltensweisen von Kindern und Jugendlichen bemüht. Für die praktische Durchführung hat sich die Bezeichnung Sexualerziehung (Geschlechtserziehung) durchgesetzt" (Brockhaus 1993, S. 183).

2.3 SEXUALAUFKLÄRUNG VERSUS SEXUALERZIEHUNG

Im deutschen Sprachraum unterscheidet man zwischen den Grundbegriffen „Sexualaufklärung" und „Sexualerziehung". Der Begriff „Sexualaufklärung" wird eher im Zusammenhang mit außerziehlichen Sozialisationsinstanzen, wie z. B. mit Printmedien oder elektronischen Medien, verwendet, während der Begriff „Sexualerziehung" von den Erziehungsinstitutionen (z. B. Familie, Kindergarten und Schule) beansprucht wird. Die genaueren Unterscheidungsmerkmale sehen wie folgend aus (vgl. Kluge 1996, S. 8):

2.3.1 SEXUALAUFKLÄRUNG

„Vermittlung von biologischem Faktenwissen menschlicher Sexualität, die häufig einmalig erfolgt.

Hierzu gehören auch Informationen über sexuelle Verhaltensweisen oder sexualpolitische Maßnahmen im gesellschaftlichen Kontext. Dies geschieht hauptsächlich zielgruppenorientiert, problembewußt, auch gesellschaftskritisch („aufklärerisch")" (Kluge 1996, S. 8).

2.3.2 SEXUALERZIEHUNG

„Kontinuierliche Einflussnahme durch gelenkte Lernprozesse auf die Entwicklung menschlicher Sexualität. Im Mittelpunkt des sexualerzieherischen Handelns stehen die Einstellungen, Verhaltensweisen, Gefühle, Einsichten, Kenntnisse der Zu-Erziehenden. Primäre Zielformeln sind: Erziehung zu verantwortungsbewußtem Sexualverhalten, Hinführung zur Partnerschafts- und Liebesfähigkeit, Sexualerziehung als Lebenshilfe in einem lebensalterorientierten Verständnis" (Kluge 1996, S. 9).

Beide Denkmodelle stellen unterschiedliche Ansprüche, denn nicht jedes sexualpädagogische Vorhaben kann schon allein wegen seines institutionellen Hintergrundes sexualerzieherisch wirksam sein. Legt man im Sexualunterricht ebenso nur auf Faktenwissen Wert, wird dies auch nicht dem Konzept von Sexualunterricht gerecht. Deshalb sollte man versuchen, über die Aufklärung hinaus zu unterrichten und erzieherisch tätig zu werden, um dem Begriff „Sexualerziehung" würdig gegenüberstehen zu können (vgl. Kluge 1996, S. 9), denn Sexualerziehung bedeutet viel mehr als nur Aufklärung über Zeugung, Schwangerschaft und Geburt sowie über die körperliche Lust und die

Liebe. Das Kind soll in seiner sexuellen Entwicklung einfühlsam begleitet und nicht durch ständige Verbote oder Tabus gehemmt oder belastet werden. Vielmehr ist eine Atmosphäre von Zärtlichkeit, Liebe und Geborgenheit zu schaffen (vgl. Mönkemeyer 1997, S. 7).

3. WARUM SEXUALERZIEHUNG?

Viele Erwachsene finden Sexualerziehung als übertrieben und nicht notwendig, denn der Umgang mit Fragen zur Sexualität ist für sie nicht immer ganz einfach. Die meisten wollen diesen Fragen durch geschicktes Taktieren einfach aus dem Weg gehen. Drei wichtige Gründe sprechen jedoch dagegen. Ein Kind stellt die Fragen nicht einfach aus Langeweile, oder um Erwachsene in Verlegenheit zu bringen, sondern weil es brennend an diesem Thema interessiert ist. Erhält es nun keine oder nur eine unzureichende Antwort, wird das Kind seine Antworten anderswo suchen, nämlich auf der „Straße". Vor allem die Eltern sollten diese „Straßenaufklärung" verhindern, weil diese sexuellen Themen fast immer ein abwertendes und abstoßendes Bild von Geschlechtlichkeit zeichnen. Zum Zweiten ist eine gute Sexualerziehung ein wirksamer Schutz vor sexuellem Missbrauch. Unaufgeklärte und unsichere Kinder sind leichte Opfer. Ein weiterer und wichtiger Grund, Sexualerziehung zu betreiben, ist die Vorbereitung darauf, lieben zu können. Dies bedeutet,

- Sexualität als einen positiven Lebensbereich zu erleben,
- überkommene Geschlechterrollenklischees

aufzubrechen und partnerschaftlich zu leben,
- Liebe zu empfinden und auszudrücken, Gefühle zuzulassen und auf vielfältige Weise zu zeigen,
- den eigenen Körper zu akzeptieren,
- verantwortlich mit der eigenen Sexualität und der des Partners umzugehen,
- im gesamten Verhalten gegenüber anderen rücksichtsvoll und sozial zu agieren,
- Minderheiten und Randgruppen (z. B. Homosexuelle) zu tolerieren und akzeptieren,
- ein befriedigendes, glückvolles Sexual- und Liebesleben zu verwirklichen (vgl. Karlsruhe, 08.09.1998, Online im Internet [05.12.1999]).

Obwohl viele Eltern diesem Thema bereits aufgeschlossener gegenüberstehen, haben sie jedoch immer noch das Problem, offen mit ihren Kindern über Sexualität zu sprechen. Daher sind sie für die Sexualerziehung in der Grundschule dankbar. Die Eltern sollten aber nicht glauben, dass sie damit von ihrer erzieherischen Pflicht befreit sind, denn sie sind die Vorbilder ihrer Kinder und üben unbewusst viel Einfluss auf sie aus. Die Aufgabe der Schule ist es, vorhandenes Wissen über Sexualität zu ergänzen, zu vertiefen und zu berichtigen. Doch leider war es vor einigen Jahren und ist es wahrscheinlich teilweise auch heute noch, sowohl im Elternhaus als auch in der Schule, ein Thema, worüber nicht geredet wird!

3.1 DIE ENTWICKLUNG DER SEXUALERZIEHUNG

Auf die Sexualerziehung in früheren Jahren kann man nur mit Grauen zurückblicken, denn Sexualität war das Tabuthema Nr. 1. Es gab niemanden, der auch nur ein Wort darüber verlor, und wer dies aber trotzdem tat, wurde mit strafenden Blicken zurechtgewiesen.

Sensible Menschen erröteten, manche schwiegen peinlich berührt, andere wiederum grinsten und begannen, hinter der hohlen Hand vulgäre Witze zu erzählen. Diese Verhaltensweisen waren und sind bei manchen auch heute noch typische Reaktionen auf die Tabuisierung menschlicher Sexualität. Der Begriff „Sexualität" wurde in der seriösen Literatur, in der öffentlichen Diskussion und in den Erziehungsinstituten kaum registriert und gleichsam ins Schlafzimmer verbannt. Über menschliche Sexualität sprach man eben nicht offiziell. Auch in der Intimgemeinschaft kam dies sehr selten vor. Sexualität war eher ein Thema für Possenreißer und Pornographen (vgl. Kluge 1985, S. 22-23).

Aus diesem Grund konnte man nur allzu häufig feststellen, dass der Mangel an Information bei den Jugendlichen große Sexualnot entstehen ließ und viele uneheliche und voreheliche Kinder sowie Mussehen auf Grund von Unaufgeklärtheit entstanden. Dazu kamen noch die ängstigenden und in die Sexualneurose treibenden Reden der Mütter und Väter, denn sie waren nicht in der Lage, ihren Kindern sachgerechte Hilfen zu geben, weil sie ebenso unaufgeklärt waren wie diese. Bis zur Mitte der sechziger Jahre hatte es sich in Deutschland erst in den Familien und teilweise sogar in den Schulunterricht eingebahnt, solchen Nöten durch eine gute Erziehung vorzubeugen und eine Ängstigung der

Kinder durch sachliche Information zu vermeiden (vgl. Meves 1995, S. 4).

Doch in Österreich war das nach den Berichten meines Vaters, Deutsch Erich, noch nicht der Fall. Als er Anfang der 70er-Jahre in einer vierten Klasse Hauptschule unterrichtete, war in den Biologiebüchern noch nichts von Aufklärung zu sehen. Auch der Lehrplan sah noch keine Sexualerziehung vor. Erst allmählich arbeitete das BMUK an einem Grundsatzerlass zur Sexualerziehung. Mein Vater entschloss sich aber schon damals, im Biologieunterricht Sexualerziehung zu verwirklichen, weil er es für wichtig und sinnvoll hielt. Die Reaktion des Schulinspektors, der solch einer Stunde beiwohnte, war: „Sie machen Ihre Arbeit sehr gut, aber Sie trauen sich was!"

Als endlich in den Schulbüchern der Hauptschule ein kleiner Bereich diesem heiklen Thema gewidmet wurde und die einzigen Abbildungen einen nackten Mann und eine nackte Frau darstellten, gab es oft große Empörung. So trat ein pensionierter Lehrer, der damals bei einem Schulbuchverlag beschäftigt war, strikt gegen die Veröffentlichung dieser Abbildungen auf. Er war der Meinung, dass dies unsittlich sei und nichts in den Biologiebüchern und Köpfen der Kinder verloren habe.

Als mein Vater im Bundesrealgymnasium selbst noch die Schulbank drückte, fuhr die ganze 7. Klasse nach Bernstein, wo die Schüler innerhalb eines Nachmittags von einem Arzt darüber aufgeklärt wurden, welche geschlechtlichen Unterschiede es gibt und wie ein Kind entsteht. Diese Wissensvermittlung war für dieses Alter viel zu spät und vor allem auch viel zu wenig. Der Lehrer selbst trug nichts dazu bei. Mit diesem einen Nachmittag war der Themenbereich Sexualerziehung abgeschlossen.

Auch in meiner Grundschulzeit, das war 1984-1988, wichen die Lehrer diesem Thema aus, obwohl Sexualerziehung als Unterrichtsprinzip in den Lehrplänen schon längst verankert war. Das, was ich von meiner Lehrerin hörte, war, wie Samenzelle und Eizelle verschmelzen. Das war sehr wenig und wurde vor allem nicht kindgemäß erzählt, sodass ich mir verwirrt zu Hause noch einmal den Stoff von meinem Vater genau erklären lassen musste.

Heute gibt es viele Möglichkeiten, dieses Thema zu behandeln, vorausgesetzt, sie werden auch wahrgenommen. Sicher gibt es noch immer Menschen, die vom „alten Schlag" sind und mit der modernen Sexualerziehung nicht zurechtkommen. Doch die Situation hat sich allgemein, sowohl in den Schulen als auch in den Familien, gebessert.

3.2 DER WISSENSSTAND DER KINDER

Sexualerziehung soll Wissen vermitteln, um Missverständnissen, Unsicherheiten und kindlichen Ängsten vorzubeugen, die durch Halbwissen und Wissenslücken, angereichert mit kindlicher Fantasie, entstehen können: z. B. „ Kann die Mama, wenn sie ins Krankenhaus geht, um mein Geschwisterchen abzuholen, zwischen verschiedenen Babys wählen?" (vgl. Haug-Schnabel 1997, S. 13-14).

Kinder in ländlichen Gebieten sind schnell bereit, die beobachteten Paarungsvorgänge auf den Geschlechtsverkehr der Eltern zu übertragen. Wird nun in Aufklärungsgesprächen der Zeugungsakt ausgespart, weichen die Kinder gern auf eigene Erklärungsversuche aus: „Wenn die Mutti viel isst, entsteht das Baby in ihrem Bauch" (vgl. Kluge 1985, S. 68).

Diese Aussagen können auch häufig zu Spott führen, denn manch falsche Aussagen klingen nur in den Ohren Erwachsener niedlich und eignen sich zum Weitererzählen. Für viele Kinder ist dies jedoch ein Anlass zum Auslachen (vgl. Haug-Schnabel 1997, S. 14).

Eine leider immer noch gängige Erklärung der Eltern auf die Frage, woher die Babys kommen, ist die Geschichte vom Klapperstorch, um unangenehme Diskussionen zu vermeiden. Kinder, die so von ihren Eltern getäuscht und hereingelegt werden, unterlassen es dann meistens, ihre Eltern oder Erzieherinnen im Kindergarten und in der Schule nach dem wahren Sachverhalt zu fragen. Sie lassen sich lieber von ihren Alterskameraden und von zweifelhaften Broschüren aufklären. Die sexuelle „Straßenaufklärung" scheut vor brutalen Schilderungen nicht zurück. Viele Kinder wissen auch nicht, wie sie mit diesen Wörtern umgehen sollen (vgl. Kluge 1985, S. 68).

Oft verwenden sie Wörter wie „bumsen", „Fotze", „Motherficker" usw., ohne ihre Bedeutung zu kennen. In einer zweiten Klasse erlebte ich, wie ein Junge zu einem Mädchen sagte, dass er sie ficken wolle. Als ich ihn darauf fragte, ob er mir erklären könne, was das heißt, konnte er mir keine Antwort geben. Sexualerziehung sollte deshalb auch die Bedeutung solcher Wörter klären. Erst wenn dies geschehen ist, erkennen sie, dass das harte Begriffe sind, denn mit jemandem schlafen ist ja eigentlich etwas Zärtliches.

Kinder brauchen altersadäquate Hilfe beim Lüften der Geheimnisse des Lebens. Nur so können sie zu Menschen werden, die ein positives Körpergefühl entwickeln, sich mit der eigenen Sexualität auseinandersetzen und eine partnerschaftliche Beziehung aufbauen können.

4. KINDLICHE SEXUALITÄT: WANN BEGINNT SIE?

Fragt man Mütter oder Väter eines Säuglings, ob und wie sie mit der Sexualerziehung dieses Kindes begonnen hätten oder ab wann sie es vorhätten, ist die erste Reaktion ein erstauntes Gesicht. Dann folgt meist ganz schnell eine Erklärung, dass das wohl noch zu früh und auch noch völlig unnötig sei. Erst wenn das Kind etwa vier oder fünf Jahre alt wäre, würden sie anfangen, sich über dieses Thema Gedanken zu machen, denn so richtig dringend würde die Sache wohl erst mit Beginn der Pubertät werden. Sexualerziehung steht also erst zu einem späteren Zeitpunkt auf dem Programm, weit weg von der Geburt. Ein erster Anfang ist vielleicht für das Ende der Kindergartenzeit geplant. Doch ohne sich darüber bewusst zu sein, beginnen die Eltern mit der Sexualerziehung direkt nach der Geburt. Kaum jemand macht sich Gedanken darüber, dass Pflegemaßnahmen und Liebkosungen, die noch viele andere angenehme und entwicklungsfördernde Auswirkungen haben, auch in diesen Bereich fallen. Schon zu dieser Zeit können vielfältige Handlungen die Körperlichkeit des Kindes fördern, sein Wohlbefinden vermehren und ihm helfen, ein gutes Gefühl für seinen Körper zu bekommen (vgl. Haug-Schnabel 1997, S. 21-22).

Körperliche Nähe und Hautkontakt zwischen Säugling und Eltern sind für das seelische und körperliche Wohlbefinden eines Kindes ausschlaggebend. Sie sind erste wesentliche Erfahrungen in diesem für die kindliche Körperlichkeit und spätere Sexualität so wichtigen Bereich. Auf einer Intensivstation konnte so z. B. nachgewiesen werden, dass zu früh geborene Babys bei gleicher, über eine Magensonde eingeführte Nahrungsmenge deutlich schneller an Gewicht zunehmen, wenn sie täglich gestreichelt und massiert werden. Der Körpersinn vermittelt an verschiedenen Körperstellen Anwesenheitssignale, die als Art psychische Verdauungshilfe zu verstehen sind.

Bleibt nun einem Kind eine warme, enge Eltern-Kind-Bindung mit Hautkontakt und körperlicher Zärtlichkeit versagt, kann es später Schwierigkeiten haben, intime zwischenmenschliche Beziehungen einzugehen oder sich mit seiner Sexualität zurechtzufinden (vgl. Haug-Schnabel 1997, S. 23-24).

Ein Mensch ist eben ein Mensch, auch wenn er eben erst geboren wurde. Darum hat er auch von Anfang an alle wesentlichen Anlagen und ist somit ein sexuell begabtes Wesen.

Sigmund Freud war der erste Wissenschaftler, der diese Tatsache ausgesprochen hat. Bis zu diesem Zeitpunkt glaubte man, dass ein Kind ein neutrales Wesen sei. Sexualität entstehe beim Menschen erst während der Pubertät. Sigmund Freud war sogar davon überzeugt, dass der sexuelle Trieb das Fühlen, Denken und Verhalten zeitlebens beherrscht. Auch der Säugling wird also von diesem Motor angetrieben. Diese Thesen des Vaters der Psychoanalyse haben heute allerdings schon mehr Gegner als Befürworter, denn erst seit jüngster Zeit hat die Wissenschaft Untersuchungsmethoden entwickelt, um das Erleben eines Säuglings besser zu verstehen. Daniel N. Stern hat aus diesen Erkenntnissen eine einleuchtende Theorie entwickelt, die diese Freudsche Vorstellung vom schon beim Baby beherrschenden Sexualtrieb widerlegt. Seiner Meinung nach ist das frühkindliche Erleben einheitlicher und globaler, denn den Säugling kümmert es nicht, in welchem Bereich seine Erfahrungen auftreten. Empfindungen, Wahrnehmungen, Aktionen, Kognitionen, innere motivationale Zustände und Verhaltenszustände werden von ihm unmittelbar wahrgenommen, und zwar als Intensität, Form, Zeitmuster, als Vitalitätsaffekte, kategoriale Affekte, Lust oder Unlust. Dies sind die Grundelemente des frühkindlichen subjektiven Erlebens.

Eine reflexhafte Erektion des Säuglings ist nach Stern somit noch keine sexuell geprägte Reaktion auf ein sexuelles Verlangen oder eine sexuell gefärbte Lust. In dieser Lebensphase ist sie ein allgemeines Zeichen für ein allgemeines körperliches Wohlbehagen des Säuglings. Dieses Wohlgefühl umfasst Geborgenheit, Wärme und Nähe, Zärtlichkeit und Einssein, Elternliebe, Urvertrauen, Gewissheit, die nötige Fürsorge zu finden und bewahrt zu sein. All diese

Elemente umfassen ein einheitliches Gefühl, das erst in den nächsten Monaten ausdifferenziert wird (vgl. Mönkemeyer 1997, S. 10-12).

4.1 DIE FRÜHKINDLICHE SEXUALENTWICKLUNG

Freud hat zu Anfang dieses Jahrhunderts in „Drei Abhandlungen zur Sexualtheorie" die „infantile Sexualität" und deren Entwicklung beschrieben. Weiters entwickelte er ein Modell aufeinanderfolgender Phasen (vgl. Neubauer 1996, S. 26):

4.1.1 DIE ORALE PHASE

In den ersten beiden Lebensjahren durchlebt der Mensch die so genannte orale Phase. Auf dieser Entwicklungsstufe ist der Mund die erogene Zone, weil er das Organ ist, mit dem das Kind in diesem Alter am intensivsten mit seiner Umwelt in Beziehung tritt. Das Baby empfindet den Mund unbekümmert immer noch als wichtigste Informationsquelle über die Dinge dieser Welt und schiebt alles, was es ergreifen kann, blitzschnell in den Mund. Der Grund liegt darin, dass die Nervenenden im Mund zwischen dem vierten und zehnten Lebensmonat verlässlichere Informationen als die Hände liefern. Darum untersucht das Kind alles mit dem Mund. Auch die Nahrung saugt das Baby mit dem Mund ein, und weil dies mit einem angenehmen Gefühl der Sättigung verbunden ist, wird das Saugen und Nuckeln positiv besetzt. Liegt das Kind dabei an der Mutterbrust, kommen mütterliche Nähe und Wärme, die vertraute Stimme und zärtliches Berühren und Streicheln hinzu. Nimmt sich die Mutter Zeit fürs Stillen, weil sie es nicht nur als Abfüttern des Kindes versteht, sondern auch als innige Schmusezeit, kann sich das Kind emotional optimal entwickeln. Doch nicht nur beim Stillen entsteht eine sinnliche Atmosphäre. Sie kann auch beim Baden, Eincremen, Windeln, Massieren und Spielen entstehen, wenn sich die Eltern auf die Wünsche des Kindes einlassen, ihm Nähe, Wärme und Zärtlichkeit schenken. Das Kind spürt dann nämlich, dass das Schmusen auch den Eltern Spaß macht.

Der Mund ist zwar nicht das einzige Organ, mit dem sich das Kind in diesem Alter sinnliche Lust verschaffen kann, aber es ist zweifellos in diesem Lebensabschnitt das wichtigste (vgl. Mönkemeyer 1997,   S. 15-17).

4.1.1.1 SEXUALERZIEHUNG BEIM BABY

Kindern, die von Anfang an viel elterliche Nähe, Wärme und Zärtlichkeit genießen können, muss man später   nicht   erst   in   einem   eigenen Sexualerziehungsprogramm   beibringen,   dass Sexualität eine Menge mit Zärtlichkeit zu tun hat. Für diese Kinder ist es eine Selbstverständlichkeit. Lassen sich die Eltern auf das kindliche Gefühl und Spiel ein, gewinnen sie selbst dadurch. So wird der wichtigste Bereich der Sexualerziehung in dieser frühen Kindheit fast eine Erziehung der Eltern durch das Kind.

Die Eltern müssen allerdings ein bisschen dazu beitragen, denn sie sollen das Kind in seinen Gefühlen, die spontan und natürlich sind, bestätigen.

Spielt z. B. eine Mutter mit dem Kind auf dem Wickeltisch und berührt es zärtlich, kann es hin und wieder passieren, dass es zu einer „reflexhaften Erektion" kommt. Einige Mütter erschrecken daraufhin, weil sie nicht wissen, dass das normal ist. Sofort wird das Kind in seine Windeln gepackt und das schöne zärtliche Spiel abrupt beendet (vgl. Mönkemeyer 1997, S. 19-20).

Genau diese Reaktion konnte ich auch in meiner Bekanntschaft feststellen. Die Mutter war peinlichst berührt und schockiert, als sie diesen Vorgang schilderte. Die Glücksgefühle des Kindes waren kaum zu übersehen. Ihrer Meinung nach war das für dieses Alter nicht normal. Jedes Mal, wenn der Junge an seinen Genitalien herumspielte, nahm sie seine Hand weg und wickelte ihn wieder in seine Windel ein. Dies machte sie so lange, bis er damit aufhörte. Danach war sie wieder beruhigt.

Doch eigentlich ist dies eine ganz normale Sache, wenn der Säugling seinen Körper selbst untersucht. Neben seinen Gliedmaßen berührt er auch hin und wieder seine Genitalien. Er entdeckt ihre Reizempfindlichkeit und bald schon manipuliert er auch daran herum. Die Experten nennen dieses Verhalten Säuglingsonanie. Obwohl viele Eltern davor zurückschrecken, ist das Spiel mit den Genitalien eher ein positives Zeichen. Der Psychologe R. Spitz hat herausgefunden,

▪ dass bei einem Kind, bei dem die Beziehung zu seiner Mutter optimal war, die Entwicklung den Durchschnitt im ersten Lebensjahr übertraf. Alle Kinder spielten mit ihren Genitalien;

- dass Kinder, die viel seltener mit ihren Genitalien spielten, eine problematische Beziehung zur Mutter hatten. Die Entwicklung verlief durchschnittlich befriedigend;
- dass bei denjenigen Kindern, bei denen die Mutter-Kind-Beziehung fehlte, die Entwicklung unter den Durchschnitt sank und keines der Kinder mit seinen Genitalien spielte.

Diese Abwehrreaktion entgeht leider den Kindern nicht. Sie spüren, dass etwas an dem Gefühl, das sie empfanden, nicht in Ordnung ist. Durch den ständigen Abbruch begreift das Kind immer mehr, dass dieses Zeichen des Wohlgefühls etwas ist, das man besser versteckt und verheimlicht. Wenn eine Mutter den Körper ihres Kindes an den verschiedensten Stellen berührt und die Teile benennt, wie Ohren, Arme, Hände usw., dann einen großen Sprung macht und erst wieder beim Knie fortfährt, erkennt das Kind, dass es einen körperlichen Bereich gibt, der tabuisiert ist und über den man nicht spricht. Wer sich für eine förderliche Sexualerziehung von Anfang an entscheidet, bleibt bei einer beobachtbaren Erektion gelassen und wird auch Körperteile wie Penis oder Scheide benennen (vgl. Mönkemeyer 1997, S. 20-22).

4.1.2 DIE ANALE PHASE

Im Alter von zwei Jahren scheidet das Kind einen festen Stuhl aus. Freud spekulierte, dass der Säugling Lustempfinden bei der Entleerung von Harn und Darminhalt erlebt. Durch heutige Sexualforscher, wie z. B. Ernest Bornemann, wird dieser Lustgewinn bestätigt. Freud entdeckte nämlich, dass bei Kindern der Darmausgang weitaus höher erotisiert ist als bei Erwachsenen. Daher empfindet es beim Ausstoßen des Kots einen Reiz, der dem Koitalgenuss des Erwachsenen ähnlich ist. Wahrscheinlich hat die Natur hier vorgesorgt, um die Schmerzen, die ein Kind nach der ersten Kotentleerung verspürt, erträglich zu machen. Auch die Einübung des Darmschließmuskels wird durch positive Affektbesetzung leichter gestaltet.

In dieser Phase erkennt man bereits die Fortschritte im kindlichen Autonomiebestreben. Das Kind ist auf seine Leistung sehr stolz und weiß schon bald, dass es mitbestimmen kann, wann es sie hergibt und wann nicht. Weiters wird auch die kindliche Neugier geweckt, denn das Kind beginnt seine Ausscheidungen zu untersuchen. Es greift seine Exkremente an und riecht daran, um sie zu begreifen. Den meisten Eltern steigt hierbei Ekel auf, doch sollten sie trotzdem versuchen, dies ihrem Kind nicht mitzuteilen. Für Eltern, denen das nicht gelingt, malt Freud gleich den Teufel an die Wand. Seiner Meinung nach würden sie das Selbstbewusstsein des Kindes zerstören und den Forscherdrang unterdrücken. Doch so schwarz sollte man nicht sehen. Wenn man das Selbstbewusstsein und den Forscherdrang des Kindes in anderen Bereichen fördert, bringt man mit solcher Ekelbekundung die Entwicklung des Kindes nicht gleich in Gefahr. Nur wenn man allzu deutlich zeigt, dass man sich vor diesen ersten Produkten des Kindes ekelt, glauben die Kinder, dass die Zone unterhalb der Gürtellinie „schmutzig" sei und die man deshalb stets bedecke. Dies kann dann schließlich zur Tabuisierung des

Anal- und Genitalbereichs führen (vgl. Mönkemeyer 1997, S. 43-45).

4.1.2.1 DIE SAUBERKEITSERZIEHUNG

Was in der oralen Phase das Abstillen ist, ist in der analen Phase die Sauberkeitserziehung. Beim Abstillen verlangt die Mutter eine Verzichtsleistung, mit der Sauberkeitserziehung fordert sie Disziplin. Beschränkt sich die Sauberkeitserziehung während der ersten Lebensjahre auf die notwendige hygienische Vorsorge, dass z. B. das Kind den Kot nicht isst, wird die Ausbildung einer frühzeitigen Konflikteinstellung zu den Genitalorganen umgangen. Doch die übliche Reinlichkeitserziehung hat in der Regel eine starke Verunsicherung des Kindes dem Genitalbereich gegenüber zur Folge. Die meisten Eltern glauben, dass man die Reinlichkeitserziehung ernster nehmen muss. Man möchte so schnell wie möglich das Kind an Reinlichkeit, Pünktlichkeit und Ordnung gewöhnen. Gelingt es dem Kind, wird es von den Eltern regelrecht mit Liebesbezeugungen überhäuft. Erlebt das Kind jedoch einen Misserfolg, registriert es beim Ausbleiben der Belohnungsküsschen bereits einen Liebesentzug. Somit werden die Genitalorgane als Ausscheidungsorgane zu Zwischenträgern der Liebeszuwendung und des Entzugs und bekommen einen Stellenwert vor allen anderen Organen. Dadurch empfindet das Kind eine tiefe Abscheu vor seinen Ausscheidungsorganen. Infolgedessen wird das sexuelle Lustempfinden durch diese Straf- und Schmutzängste erheblich gestört.

Daher ist es auch für die spätere Entwicklung des Kindes ein wichtiges Ziel für die Sexualpädagogik, die Folgen einer falschen Reinlichkeitserziehung nachträglich zu korrigieren. Dabei soll versucht werden, den Kindern die genitalen Straf- und Schmutzängste zu nehmen und den abgewehrten Lustanteil der Sexualität dem Ichgefühl zu integrieren (vgl. Der Helfer 1988, S. 5).

4.1.3 DIE GENITALE (PHALLISCHE) PHASE

In dieser Phase entwickeln Kinder im dritten bis fünften Lebensjahr ein besonderes Interesse am eigenen Körper wie auch an dem, anderer Menschen. Sie erkennen Unterschiede und beginnen erste Fragen zu stellen, die mit der Sexualität zusammenhängen. Weiters beschäftigen sich die Kinder emotional und sozial mit der eigenen Stellung zu und zwischen den Eltern und erkennen dabei, dass die Eltern zusammengehören (vgl. Der Helfer 1988, S. 5).

Diese Zusammengehörigkeit ist eine wesentliche Voraussetzung für ein ungestörtes Aufwachsen des Kindes. Oft entsteht in den Familien unnötiger Streit oder es kommt sogar zu Scheidungen. In diesen Fällen müssen die Kinder das Liebesleben eines Elternteils mit einem neuen Partner beobachten und begleiten. Dies ist für Scheidungskinder keine natürliche, sondern eine tief kränkende Situation. Vor allem ist es für sie frustrierend, wenn z. B. die Mutter mehrere Männer hintereinander ins Bett holt und diese Personen eine erotisch bis sexuell getönte Rolle im Familienverband spielen. Eine positive Einstellung kann bei Kindern, die so aufwachsen, kaum entstehen (vgl. Meves 1995, S. 30-31).

Oft tritt in dieser Phase auch eine Identifikation und Rivalität mit dem gleichen Geschlecht auf, besser bekannt als „Ödipuskomplex". Freud entwickelte dabei die Theorie, dass das Interesse von Jungen und Mädchen an der unterschiedlichen Geschlechtlichkeit ihrer Eltern geweckt wird, nachdem ihnen ihre eigene Geschlechtlichkeit bewusst geworden ist. Töchter wollen dann ihren Vater und Söhne ihre Mutter verführen. Folglich hätten die Kinder den Wunsch, ihre Rivalen zu töten. Dies ist jedoch ein Traummotiv, da der Wunsch selten ins Bewusstsein steigt. Freud war auch der Meinung, dass die Kinder einer solchen Krise hilflos ausgeliefert seien und sie nicht angemessen verarbeiten könnten. Daher galt der Ödipuskomplex lange Zeit für die Erklärung der unterschiedlichen Neurosen.

Für Eltern hatte diese Aussage zum Teil fatale Folgen, denn solche Zweifel konnten dazu führen, dass die Eltern ihren Kindern nicht die Zärtlichkeit und Geborgenheit schenkten, die sie eigentlich gebraucht hätten. Dadurch wurde dem heranwachsenden Nachwuchs oft das Bindungsverhalten erschwert. Dank heutiger Sexualforscher wird dieser Ödipuskomplex nicht mehr so eng gesehen, weil zärtliche Zuneigungsbekundungen zwischen Eltern und Kindern einfach nur den Wunsch nach Geborgenheit und Nestwärme darstellt. Daher ist es normal, wenn fast jedes kleine Mädchen im Kindergartenalter erklärt, dass es den Papa heiraten möchte. Er ist eben der erste Mann, den das Kind näher kennen lernt. Nach kurzer Zeit wird das Heiratsversprechen auch an den besten Freund weitergegeben. Deshalb sollten die Eltern diese Aussagen nicht auf die Waagschale legen, sondern einfach als kindliche Liebeserklärung an einen Elternteil verstehen, über den sich beide freuen können (vgl. Mönkemeyer 1997, S. 78-81).

4.1.3.1 FRAGEN DER KINDER BEANTWORTEN

Wie schon gesagt, beginnen Kinder in dieser Phase ihren Körper zu entdecken und Fragen zu stellen. Oft ist es auch der Fall, dass Fragen wortlos vorgetragen werden, und zwar durch ein Zeigen auf die Genitalien oder ein demonstratives Hochheben des Nachthemds. Ist dies der Fall, ist es wichtig, dass man nicht mit Ablehnung oder Gelächter reagiert. Eltern und Erzieher, die wissen, dass hinter einer solchen Demonstration ein fragendes Kind versteckt ist, reagieren, indem sie dem Kind den Unterschied zwischen den Geschlechtern erklären. Bleiben jedoch solche Fragen unbeantwortet, können bei den Kindern Fehlvorstellungen über die Entstehung der Geschlechter in Verbindung mit Angst entwickelt werden. Bei Jungen könnte die Furcht entstehen, dass man ihnen das Glied abschneiden könne und sie somit zu einem Mädchen werden. Mädchen haben wiederum die Vorstellung, es fehle ihnen etwas, sie wären sozusagen nur kastrierte Knaben. Solche Fantasien können Anlass für tiefgreifende Minderwertigkeitskomplexe werden (vgl. Meves 1995, S. 33).

Für viele Eltern ist dieses Thema auf den ersten Blick kein großes Problem, doch nach intensiverer Beschäftigung wird die natürlichste Sache der Welt zu einem schwierigen Kapitel. Viele finden nicht die passenden Worte, weil sie selbst auf nichts

Brauchbares aus ihrer eigenen Kindheit zurückgreifen können. Deshalb ist es nicht verwunderlich, wenn Zweifel auftauchen, ob ein Kind überhaupt schon reif dafür ist. Am liebsten würden viele Eltern die Aufklärungsarbeit anderen überlassen.

Doch wie soll man nun auf Fragen der Kinder antworten?

- Wichtig ist, dass man sich selbst nie unter Druck setzt, indem man glaubt, man müsse Dinge ansprechen, die unangenehm sind, oder bei denen man nicht weiß, wie man das Gemeinte ausdrücken soll. Es kann dabei sicherlich für beide Seiten eine Entlastung sein, wenn man den Kindern zu verstehen gibt, dass es nicht einfach ist, über Sexualität zu reden.

- Für ein Kind ist es bedeutend, wenn es gleich an Ort und Stelle fragen kann, was es interessiert. Daher sollte man das Kind nie auf später vertrösten, weil dies eine ganz unbefriedigende Angelegenheit wäre.

- Ein kleines Kind versteht oft noch nicht alle Antworten, die sich ergeben. Aber es ist wahrscheinlich trotzdem zufrieden, wenn es eine Antwort erhält, denn für das Kind ist die Erfahrung wichtig, dass das Fragen erlaubt ist.

- Kinder erwarten auf ihre Fragen keine Abhandlungen und Vorträge. Sie wollen einfach nur erfahren, was sie persönlich und ihre Eltern betrifft. Dabei sollte man immer ehrlich sein und keine Lügengeschichten erzählen.

- Es gibt keinen verbindlichen Maßstab, wie offen Eltern mit ihren Kindern über Sexualität reden sollen. Was man preisgeben möchte, ist reine Gefühlssache.

- Wichtig ist es auch, über Gefühle zu sprechen.
- Wer mit seinen Kindern ins Gespräch kommen möchte, sollte für eine ruhige Atmosphäre sorgen, die zum Reden animiert.
- Wenn es besonders schwer fällt, Antworten zu geben, können auch Bilderbücher helfen.
- Auch die Sprache sollte so gewählt sein, dass die Kinder sie verstehen (vgl. Radio WDR 2, 30.03.1999, Online im Internet [05.12.1999]).

Mutter und Vater sind für Kinder große Vorbilder. Sie orientieren sich an ihnen und an ihrem Verhalten, denn nicht nur das, was sie sagen, beeinflusst das Kind. Somit lernen Kinder nicht nur durch Fragen, sondern auch durch das Verhalten der Eltern, das sich einprägt und zum Maßstab aller Dinge wird. Deshalb sollte man sich so natürlich und normal wie möglich geben und nichts vortäuschen (vgl. Radio WDR 2, 30.03.1999, Online im Internet [05.12.1999]).

4.1.3.2 DOKTORSPIELE

Für kleine Kinder ist der Geschlechtsunterschied keineswegs selbstverständlich, sondern eher eine Gegebenheit, die ihnen äußerst rätselhaft erscheint. Bevor sie jedoch zu den Erwachsenen gehen und fragen, fangen sie oft lieber erst zu forschen an. Dies machen sie auf eine Art, die von Erwachsenen häufig missverstanden wird. Gemeint sind darunter die bekannten Doktorspiele.

Doktorspiele finden oft hinter verschlossenen Kinderzimmertüren statt, wobei die Erwachsenen meist genau spüren, was in diesem Zimmer vor sich geht. Dies ist auch in Ordnung, vorausgesetzt,

- alle auserwählten Kinder wollen mitspielen,
- keiner wird zu irgendetwas gezwungen, was er nicht möchte,
- es wird nur so lange gespielt, wie es Spaß macht,
- es ist ein Spiel unter vielen verschiedenen Spielen (vgl. Haug-Schnabel 1997, S. 77).

Viele Eltern wissen jedoch nicht so recht, wie sie sich verhalten sollen. Einfach in das Spiel hineinzuplatzen oder starkes Klopfen an der Tür mit der Aufforderung, sie sofort zu öffnen, wäre bei einem sonst partnerschaftlichen Erziehungsstil ein schrecklicher Stilbruch. Denn genauso wie die Eltern wollen auch die Kinder ihr Recht auf Intimsphäre einfordern. Dabei sollten die Erwachsenen auch bedenken, dass eine zu brutale Störung zu traumatischen Erlebnissen führen kann, die die spätere Sexualität schwer belasten. Eltern sollten die Doktorspiele somit nur unterbinden, wenn jüngere Kinder von älteren dazu animiert werden.

Wenn man jedoch einmal stören muss, weil z. B. das andere Kind nach Hause muss, sollte dies durch leises Anklopfen mit einer Entschuldigung für die Störung geschehen. Auf diese Weise lässt man den Kindern Zeit, wieder in die Wirklichkeit zurückzufinden. Dieser Anlass bietet sich gut an, um mit dem eigenen Kind noch einmal über das Doktorspiel zu reden. Es sollte dabei nicht darum gehen, ob es gut oder schlecht war, sondern um die Frage nach dem „Wie", denn man sollte den Kindern unbedingt verdeutlichen, dass sie nichts in

Körperöffnungen hineinstecken sollen, weil man das andere Kind dadurch verletzen kann. Deshalb sollten sie ihren Ärztekoffer bei diesem Spiel beiseite lassen (vgl. Mönkemeyer 1997, S. 72-73).

Haben Kinder einmal ihre wichtigsten äußerlichen Unterschiede zwischen Jungen und Mädchen hinreichend erforscht und in Ruhe angesehen, werden Doktorspiele wieder uninteressant. Die Faszination lässt nach, und es gibt anderes, das viel spannender ist. Dabei fällt auf, dass Kinder, die Doktorspiele über diesen Entwicklungsabschnitt hinaus vorschlagen, ignoriert und manchmal belächelt werden. Die soziale Kontrolle unter Gleichaltrigen beginnt somit zu wirken, und zwar auch ohne das Zutun der Eltern (vgl. Haug-Schnabel 1997, S. 78).

4.1.3.3 SCHAMERZIEHUNG

Kinder haben grundsätzlich ein unbefangenes Verhältnis zu ihrem Körper, weil sie ja ein enormes Entdeckungsbedürfnis haben und ihren Wissensdrang stillen wollen. Deshalb sollte dies nicht durch Geheimnistuerei zur Neugier gesteigert werden, sondern durch unbefangene Nacktheit im Intimbereich in der Familie gefördert werden. Dabei sollte man aber beachten, dass man sich den Kindern gegenüber zwar nackt sehen lässt, aber nicht nackt zeigt! Damit ist gemeint, dass man sich einfach so normal wie nur möglich geben soll, wie z. B. die Badezimmertür nicht abzuschließen und dem Kind somit den Zugang jederzeit zu ermöglichen. Manche Eltern glauben aber, sie müssten sich demonstrativ vor den Kindern zeigen, um ihnen eine möglichst offene Erziehung zu gewähren. Doch das sollte man eher unterlassen, weil es eine gegenteilige Wirkung zur Folge haben könnte (vgl. Hane 1997, S. 14-15).

Kleine Kinder empfinden sowohl die eigene Nacktheit wie auch die der Eltern als völlig normal, vorausgesetzt, sie haben es immer schon so von den Eltern erlebt. Wenn z. B. ein zweijähriges Kind auf dem Töpfchen sitzt, macht es ihm gar nichts aus, wenn ihm währenddessen die Haare gekrault werden und es nebenbei ein Brot isst. Es ist egal, worum es geht, Kinder genieren sich einfach nicht und kennen keine Scham. Doch diese Freizügigkeit kann von einem Tag auf den anderen enden und sogar in Prüderie umschlagen. Plötzlich genieren sich Kinder in bestimmten Situationen, einzelne schon recht früh, sowohl außer Haus als auch im Familienkreis. In dieser Zeit beginnen Kinder, sich im Badezimmer einzuschließen und sich nicht nackt zu zeigen. Es ist völlig egal, wann diese Anzeichen beginnender Scham beobachtet werden, sie sollten immer als eindeutiges Entwicklungssignal verstanden und akzeptiert werden. Das Kind zu verspotten und die Scham als unnötig einzustufen, wären falsche Reaktionen der Erwachsenen. Sie sollten sich lieber dezent zurückziehen und Verständnis und Respekt für die Wünsche nach Intimsphäre aufbringen. Dieser Respekt lässt den Kindern ihren Körper als schützenswert erleben, was einen wesentlichen Baustein für das spätere Körperbewusstsein darstellt.

Lange Zeit glaubte man, dass sich die Einstellung zur Nacktheit in den ersten Lebensjahren nur deshalb ändern würde, weil alle Älteren das kleine Kind spüren lassen würden, dass das Nacktsein nur etwas für Babys sei. Heute weiß man jedoch, dass solche

Erfahrungen für die Änderung des Verhaltens gar nicht notwendig sind, denn wenn der Körper heranreift, entwickelt sich auch automatisch das Schamgefühl, bestimmte Körperstellen und - funktionen vor anderen Blicken zu schützen.

Womit man seine Scham verhüllt, ist von Kultur zu Kultur verschieden. In manchen Gegenden reichen einfache Baströckchen aus, während es bei uns eine Hose, ein Rock und ein Oberteil sein muss. Ab einem gewissen Alter ist Scham etwas ganz Natürliches und Wichtiges, denn das Schamgefühl stellt einen natürlichen Schutz vor nicht mehr kontrollierbaren Auswirkungen provokant oder erregend erlebter Nacktheit dar. Es hilft, den für die Sexualität wichtigen Intimitätsbereich aufzubauen. Erst der Mensch, den man liebt, darf einen wieder unbedeckt sehen und erleben (vgl. Haug-Schnabel 1997, S. 61-64).

4.1.4 DIE LATENZPHASE

Nach dieser erlebnisreichen genitalen Phase beginnt für das Kind etwa im 6. Lebensjahr die Latenzphase, in der die sexuellen Probleme zu Gunsten einer sehr sachlichen Haltung zurücktreten. In der Latenzphase rücken die Geschlechter nun erstmals auseinander, wobei das schon in der Familie zu erkennen ist. Nun prahlt der Sohn mehr mit seinem Vater und ziert sich bereits beim Gute-Nacht-Kuss seiner Mutter, obwohl er bis dahin Feuer und Flamme für sie war. Bei den Mädchen läuft dies genauso ab. Ein Teil dieser libidinösen Kraft wird nun auch auf eine sekundäre Bezugsperson, den Lehrer, übertragen. Ein solcher Wandel vollzieht sich jedoch nicht von heute auf morgen, sondern über einen längeren Zeitraum. Die Tiefenpsychologen deuten dieses Verhalten nun so, dass in der Familie eine Inzestschranke aufgebaut wird und die Kinder in dieser Entwicklung sexuell weniger stimuliert werden. Dies bringt ein wenig Ruhe in die Vorpubertät, vorausgesetzt, die sexuelle Neugierde wurde durch entsprechende Aufklärung gestillt.

Auch unter Gleichaltrigen ist diese Tendenz zu spüren. Nun werden geschlechtsspezifische Unterschiede in Begabung und Neigung deutlich. Jungen interessieren sich mehr für Natur und Technik, während Mädchen ihre sprachlichen, musischen und kreativen Begabungen entfalten. Durch diese unterschiedlichen Ausrichtungen kommt es zu neuen Einschätzungen des anderen Geschlechts. Jungen stellen Mädchen oft als „Petzen" hin und Mädchen sind wiederum der Meinung, dass man mit Jungen keine Freundschaften schließen kann, weil sie grob und nicht rücksichtsvoll sind. Entwickeln sich jedoch trotzdem Freundschaften mit dem anderen Geschlecht, dann nur, weil dieser Bub oder dieses Mädchen die gleichen Interessen vertritt. Dies ist z. B. der Fall, wenn ein Mädchen Fußball spielen oder ein Junge Ballett tanzen möchte. In diesem Fall lassen die Jungen garantiert nichts über das Mädchen und Mädchen nichts über den Jungen kommen.

Kinderfreundschaften ändern sich eben ständig. Während im Kindergartenalter Kinder durch Zärtlichkeiten verbunden waren, führen in dieser Phase eher gleiche Interessen zur Freundschaft. Die Latenzphase wird von der Pubertät abgelöst (vgl. Mönkemeyer 1997, S. 116-119).

5. SEXUALERZIEHUNG IN DER GRUNDSCHULE

Wie man an der frühkindlichen Sexualentwicklung erkennen kann, liegt die Hauptaufgabe der Sexualerziehung bei den Eltern. Die Grundschule sollte dabei nur das bereits erworbene Wissen ergänzen, vertiefen oder berichtigen. Doch die Realität sieht meist ganz anders aus, obwohl man ja schon sagen kann, dass sie sich im Vergleich zu früher relativ verbessert hat. Es gibt eben immer noch Eltern, die Hemmungen haben, über Sexualität zu sprechen, weil sie wahrscheinlich selbst nie von ihren Eltern aufgeklärt wurden. Weiters werden Kinder durch die zunehmende Sexualisierung der Medien bruchstückhaft informiert, wobei sie diese Informationen alleine nicht mehr verarbeiten können. Daher hat die Schule eine enorme Aufgabe zu erfüllen. Wichtig hierbei ist nicht nur die reine Wissensvermittlung, sondern vor allem der Erziehungsgedanke. Leider fühlen sich auch manche Lehrer davon nicht angesprochen, denn das ist ja ihrer Meinung nach Aufgabe der Eltern! Häufig mangelt es diesen Lehrern auch an Ideen, Entscheidungsbereitschaft und Engagement, die in Schulgesetzen, Richtlinien und Lehrplänen beschriebenen Aufgaben umzusetzen. Hinzu kommt, dass die Sexualerziehung immer noch mit Vorurteilen und Tabus belastet ist und allein schon deshalb ein schwieriges Unterfangen darstellt. Aus diesem Grund sollten eingeschüchterte Lehrer ihre Einstellung schnellstens ändern und Mut zum Sexualunterricht zeigen, denn Sexualerziehung gehört einfach zu den

Aufgabenbereichen eines Lehrers und sollte nicht nur auf dem Papier bestehen. Kinder haben ein Recht auf die familienergänzende Sexualerziehung, und das sollte auf jeden Fall Berücksichtigung finden. Deshalb sollen Lehrer und Eltern zusammenarbeiten, um eine bestmögliche Entwicklung zu erreichen.

5.1 ALLGEMEINE GRUNDSÄTZE AUS DEM GRUNDSATZERLASS ZUR SEXUALERZIEHUNG IN DEN SCHULEN

Wie schon vorher erwähnt, ist die Sexualerziehung in den Schulen verpflichtend. Das Bundesministerium für Unterricht und kulturelle Angelegenheiten gab schon 1970 erste Richtlinien über die Förderung der Sexualerziehung im Unterricht an den Schulen heraus. Da jedoch mittlerweile die Lehrplanbestimmungen geändert wurden, kam es zu einer Aktualisierung des Erlasses.

Die allgemeinen Grundsätze des Erlasses zur Sexualerziehung in den Schulen besagen, dass eine zeitgemäße Pädagogik die Schüler in ihrem Reifungs- und Bildungsprozess entsprechend begleiten muss, da die Kinder in der heutigen Zeit vielschichtigen Einflüssen ausgesetzt sind und sie der rasche Wandel gesellschaftlicher Normen unsicher macht. Die Schule hat dabei nicht nur die Aufgabe, biologisches Wissen zu vermitteln, sondern auch echte Lebenshilfe zu bieten. Weiters sollen die Schüler erfahren, dass ein Zusammenleben ohne sittliche Normen nicht möglich ist, weil man sich nur auf Grund seiner persönlichen Überzeugung dafür verantwortlich fühlt, auf den Partner Rücksicht zu nehmen. Ein nächster, wesentlicher Punkt ist, dass sich Kinder und Jugendliche nur dann den negativen Einflüssen der Umwelt, wie der Vermarktung von Sexualität durch die Vergnügungsindustrie, Presse usw., entgegensetzen können, wenn sie zu einer echten Wertordnung erzogen wurden.

Die Sexualerziehung ist ein Teil der Gesamterziehung, daher ist sie auch nicht die Aufgabe eines einzelnen Unterrichtsgegenstandes und soll somit unter verschiedensten Gesichtspunkten der einzelnen Unterrichtgegenstände behandelt werden. Auch mit dem Religionslehrer ist das Einvernehmen zu pflegen. Sollte es notwendig erscheinen, können auch außerschulische Fachleute in das Thema miteinbezogen werden (vgl. BMUK, 25.04.1994, Online im Internet [05.12.1999]).

Die weiteren, detaillierten Richtlinien sind in den nächsten Unterkapiteln zu finden.

5.2 LEHRPLANBESTIMMUNGEN

Sexualerziehung in der Grundschule stellt nach dem Grundsatzerlass des Bundesministeriums für Unterricht und Kunst ein Unterrichtsprinzip dar. Da die Ziele und Inhalte der Lehrpläne nicht einem Unterrichtsgegen- stand zugeordnet werden können, sondern nur Teilaspekte einzelner Gegenstände darstellen, müssen sie fächerübergreifend im gesamten Unterricht wirksam werden. Dabei handelt es sich primär um den Aufbau bestimmter Einstellungen und Verhaltensweisen, die durch Wissensvermittlung allein nicht erreicht werden können. Aus diesem Grund sollten Fragen zur Sexualität und Partnerschaft durch das Zusammenwirken aller Unterrichtsgegenstände in

Kombination von stofflichen, methodischen und erzieherischen Anforderungen erfolgen. Die Verwirklichung der Sexualerziehung bedarf ferner einer wirksamen Koordination einzelner Unterrichtsgegenstände unter Ausnützung ihrer Querverbindungen sowie der Beachtung der Bildungs- und Erziehungsanliegen anderer Unterrichtsprinzipien (vgl. BMUK, 25.04.1994, Online im Internet [05.12.1999]).

Welche Aufgaben sieht nun der Lehrplan für die Sexualerziehung als Unterrichtsprinzip in den Schulen vor?

„Der stoffliche Schwerpunkt dieser Bildungs- und Erziehungsaufgaben liegt im Unterrichtsgegenstand Sachunterricht in den Erfahrungs- und Lernbereichen ‚Gemeinschaft' und ‚Natur'. In der Grundstufe I sollen die Schüler in geeigneter Form über die Geschlechtsunterschiede zwischen Mädchen und Bub, Frau und Mann informiert werden. Ereignisse in Familien von Schülern (Geburt einer Schwester, eines Bruders, Schwangerschaft) könnten ein besonderer Anlaß sein, daß sich Schüler diesem Themenbereich mit großem Interesse zuwenden. In Verbindung mit dem Erfahrungs- und Lernbereich ‚Gemeinschaft' sollen Elternschaft, Liebe und Partnerschaft zwischen Mann und Frau behandelt werden. Die in der Grundstufe I gewonnenen Informationen über den Bereich menschlicher Fortpflanzung werden in der Grundstufe II um die Themenbereiche

- Entstehung menschlichen Lebens
- Schwangerschaft und Geburt
- Entwicklung und Betreuung des Kleinkindes

89

erweitert. Die biologischen Vorgänge sollen jedoch nicht losgelöst von sozialen Erlebnissen in der Familie wie Geborgenheit, Zärtlichkeit ... Sicherheit vermittelt werden. Kindliche Erlebnisse und Wahrnehmungen wie Schwangerschaft der Mutter, Geburt des Kindes ... sind vom Lehrer aufzugreifen, die Einbindung der Erziehungsberechtigten bei der Unterrichtsplanung und der Einsatz von Experten (Arzt, Hebamme ...) werden in vielen Fällen eine wertvolle Ergänzung zur Arbeit des Lehrers darstellen" (Kommentar zum Lehrplan der Volksschule 1996, S. 214).

5.2.1 ADMINISTRATIVE BESTIMMUNGEN VERSUS SEXUALPÄDAGOGISCHE LEITZIELE

Der Lehrplan der Volksschule zeigt viele Ziele und Inhalte zum Thema Sexualität auf, die an den Schulen durchgeführt werden sollten. Betrachtet man jedoch die Lehrinhalte, die einzelne Lehrer auswählen, genauer, so fällt auf, dass im Großen und Ganzen die biologische Sichtweise dominiert. Emotionale, soziale, gesellschaftskritische, politische oder ethische Aspekte werden nur ansatzweise gefunden. Häufig passiert es auch, dass allgemein bedeutsame Lernziele ohne Bezug zu anderen Inhalten angeboten oder gar nicht angeboten werden. So kommt es, dass z. B. Themen wie „Schwangerschaft, Geburt und Zeugung" meist erst gegen Ende der Grundschulzeit durchgenommen werden, obwohl sich Kinder bereits im Kindergartenalter brennend dafür interessieren. Auch das didaktische Spiralprinzip wird bei der Auswahl der Lehraufgaben kaum mehr berücksichtigt. Oft verzichten Lehrer einfach darauf, dieses wichtige Thema noch einmal zu wiederholen und zu vertiefen. Was jedoch im Unterricht der meisten Lehrer fehlt, sind Themen wie „Körperliche und seelische Entwicklung in der Pubertät", „Erste Hinweise auf Verhütungsmittel", „Sexueller Missbrauch im familiären Umfeld" und „Kinderorientierte Informationen zur Immunschwäche-Krankheit AIDS". Dabei wären diese Themen in der Grundschule genauso wichtig wie in höheren Schulen, denn Forschungsergebnisse haben gezeigt, dass bereits Grundschulkinder ihren ersten Samenerguss oder ihre erste Menstruation erleben können.

Wie schon der Grundsatzerlass zur Sexualerziehung in der Grundschule besagt, gilt das Prinzip der Lebensnähe und -hilfe. Schulen, die Sexualerziehung nicht als dieses begreifen, lassen die Kinder bei entscheidenden Fragen der körperlichen und seelischen Entwicklung zurück (vgl. Kluge 1996, S. 9-10).

5.2.2 ZUSAMMENFASSUNG DER GRUNDEINSICHTEN ZUR LERNZIELTAXONOMIE

Zusammenfassend ergeben sich auf Grund der Bedeutung, der Notwendigkeit und der Rahmenbedingungen schulischer Sexualerziehung einige Folgerungen:

- Obwohl Sexualerziehung vor allem die Aufgabe der Eltern darstellt, ist die Schule zur Mitarbeit gesetzlich verpflichtet. Dabei hat ein Kontakt zwischen Eltern und Lehrern zu bestehen, um

Informationen beider Seiten rechtzeitig weitergeben zu können.

- Die Schule führt somit die Erziehungsbemühungen der Eltern weiter, ergänzt und vertieft sie. Sexualerziehung soll lebenspraktisch orientiert, wissenschaftlich fundiert und methodisch geplant sein.
- Die Schule soll versuchen, die Sexualität in die Gesamtpersönlichkeit zu integrieren und den Schülern ein verantwortungsvolles geschlechtliches Verhalten vermitteln.
- Die biologische Aufklärung ist zwar wichtig, sollte jedoch nicht ohne die eigentliche Sexualerziehung erfolgen.
- Zu berücksichtigen sind kognitive, affektive, soziale, psychomotorische und pragmatische Lernziele, wobei ein Leistungsnachweis nicht gefordert werden soll.
- Die Schüler sollen durch die Sexualerziehung erkennen, wie wichtig es ist, sittliche Entscheidungen zu verstehen und Verantwortung für sich selbst, den Partner, die Familie usw. zu entwickeln.
- Sexualerziehung muss den Schülern umfassende Informationen, Einstellungen und Haltungen unter Rücksichtnahme auf den jeweiligen Entwicklungsstand ermöglichen. Nur so kann eine effektive Vermittlung der Lernziele erreicht werden.
- In der Schule sollen einseitige Auffassungen vermieden und negative Erscheinungen nicht hochgespielt werden. Sexualerziehung soll dabei besonders auf die Persönlichkeitsrechte und den

Intimbereich achten und Rücksicht auf die Empfindlichkeit von Kranken und Behinderten nehmen.

- Im Mittelpunkt des Unterrichts steht die Schülerfrage, worauf ehrlich und altersgemäß zu antworten ist. Die Lehrerdarstellung und zusätzliche Medien sollen dabei unterstützen und veranschaulichen.
- Sexualerziehung soll die Leib- und Geschlechtlichkeit bejahen, Angstgefühle vermeiden, Sprachbarrieren abbauen und einen angemessenen Ausdruck fördern. Die Klassengemeinschaft soll dabei nicht getrennt werden, weil die Koedukation eindeutige Vorteile bietet.
- Schüler sind von der Sexualerziehung nicht zu befreien.
- Körperliche und seelische Vorgänge sind gemeinsam zu behandeln, wobei emotionale Auswirkungen nicht übersehen werden dürfen. Stimulationen sind zu unterlassen.
- Wissen, das man aus eigenen Erfahrungen gewonnen hat, sollte stets die Grundlage für die Urteilsbildung sein.
- Der Klassenlehrer ist nur für die Durchführung der Sexualerziehung in der Klasse verantwortlich, während die Durchführung dieses Themas in der gesamten Schule die Aufgabe des Schulleiters darstellt.
- Man sollte keine Angst vor verfrühtem Eingreifen haben, weil es weniger schadet als zu spätes, denn kein Kind sollte seinen nächsten

Entwicklungsschritt unvorbereitet machen müssen.

- Sexualerziehung sollte Verständnis für die Situation und Achtung vor der Person zeigen und den Anschein des Besonderen, der Distanz, der wissenschaftlichen Vollständigkeit und des Alleinlassens vermeiden. Wichtig ist dabei die Ablenkung durch Entspannung und Entkrampfung in Spaß, Spiel, Sport und Gestaltung.
- Die Schule soll die zahlreichen Anlässe, die von den Kindern geboten werden, aufgreifen und unter Beachtung der Richtlinien fächerübergreifend behandeln.
- Sexualerziehung ist Familienerziehung. Daher sollte eine Abwertung der Herkunftsfamilie vermieden und persönliche Schicksale, wie z. B. alleinerziehende Elternteile, besonders beachtet werden.
- Schülerorientierte Sozialformen sind für die Sexualerziehung unentbehrlich. Auf diese Weise können nämlich sexuelle Verhaltenskompetenzen durch Interaktion und Kommunikation angebahnt werden.
- Die Schule soll in diesem Bereich einfühlsam und flexibel handeln und versuchen, den Entwicklungsstand der Kinder durch ständige Wiederholung einzelner Themen auf den verschiedenen Schulstufen auszugleichen (vgl. Dietz 1985, S. 37-39).

Jeder, der diese Grundansichten und Richtlinien beachtet, wird erkennen, dass es gar nicht so schwierig ist, Sexualerziehung zu betreiben, vor allem dann, wenn man merkt, wie dankbar die Kinder darauf reagieren.

5.3 DIE GRUNDSCHÜLER

Die Schüler der Grundschule stehen noch nicht voll im Spannungsfeld ihrer Geschlechtlichkeit, obwohl sie schon eine präsexuelle Zeit (orale, anale, genitale Phase) hinter sich haben. Diese Kinder haben in diesen Phasen von ihren Eltern unterschiedlichste Sexualerziehung erhalten, wobei die Spannweite von Prüderie bis zum Triebausleben reichen kann. Für die Schüler kann dies nun Anlass zur Freude, Neugier, aber auch Angst sein.

Obwohl sich die Situation ja schon weitgehend verbessert hat, bringen die Grundschüler auch heute noch ein naiv erworbenes Wissen aus dem Bereich der Sexualität mit. Meist ist dieses Wissen ungenau oder sogar falsch. Man braucht dabei nur an das Storchenmärchen zu denken, das heute wahrscheinlich noch weit verbreitet in die Erziehung mit einfließt. Solch mangelndes Wissen muss durch den Lehrer richtig gestellt werden. Damit das Kind aber das Vertrauen in seine Eltern nicht verliert, muss der Lehrer sein Vorhaben, dieses Thema mit den Kindern durchzuführen, einige Zeit vorher mit den Eltern absprechen.

Die Befürchtung, dass einige Informationen zu früh angeboten werden könnten, ist eher hinfällig, da jeder Schüler zu früh Erfahrenes seiner Entwicklung gemäß verarbeitet. Hinzu kommt, dass Kinder in diesem Alter von bewusster sexueller Erregung noch weitgehend frei sind. Handelt es sich jedoch um heikle Schülerfragen, die weit über den Rahmen der

Richtlinien hinausgehen, sollte man entweder verständnisvoll antworten oder eine Einzelberatung anbieten.

Kinderfragen stehen zwar im Mittelpunkt der Sexualerziehung, sollten jedoch nicht nur als Anlass für Sexualerziehung gesehen werden, da Erscheinungen der Geschlechtsreife wie Menstruation und Pollution eher vor als nach deren Eintreten besprochen werden sollten. Damit erspart man den Kindern Angst vor etwas, was sie sowieso schon längst kennen sollten. Wichtig dabei ist, dass man nach jeder Stunde für eine Auflockerung durch Spiele sorgen sollte, um innere Spannungen, die im Sexualunterricht entstehen können, zu beseitigen (vgl. Dietz 1996, S. 7).

5.3.1 SENSIBILITÄT UND BELASTUNGEN DER SCHÜLER

Für einige Schüler stellt die Behandlung des Themas Sexualität durch den Lehrer oft eine Erstinformation dar. Deshalb sollte der Lehrer sehr einfühlsam und flexibel vorgehen, weil die ersten Eindrücke von besonderer Eindringlichkeit sind und die Grundlage für weitere Informationen im Laufe der Schulzeit bilden.

Andere Schüler sind wiederum durch Medien und das Verhalten im Elternhaus oder in der Clique überaufgeklärt und beschimpfen einander daher teilweise mit der Fäkal- oder Gossensprache. Da diese Sprache zur jugendlichen Subkultur gehört, sollte man möglichst sensibel darauf eingehen und den Kindern auf indirekte Weise zeigen, dass man auch eine andere Sprache benutzen kann. Oft erfährt der Schüler ja schon durch die Antwort des Lehrers, wie man gewisse Dinge schöner ausdrücken kann. Somit muss sich der Schüler keiner harten Korrektur unterziehen. Wichtig ist auch, dass man diese Kinder- und Jugendsprache nicht als Angriff auf die Erwachsenen sieht, weil die Kinder ja nur das „nachplappern", was sie von ihrer Umgebung aufgenommen haben.

Häufig sind auch Schmierereien in dieser Sprache in Toiletten, Schulheften usw. zu entdecken, die Verschiedenstes signalisieren können. Entweder werden Defizite damit aufgezeigt oder Folgen, die aus dem Unterricht resultieren. In diesem Fall sollte der Lehrer nicht überreagieren, sondern dies als Anlass für pädagogische Bemühungen sehen (vgl. Dietz 1996, S. 7).

5.4 DER LEHRER

Es ist nicht neu, dass die Lehrer in der Rolle als Sexualerzieher größtenteils aus Gründen unzureichenden Wissens und subjektiver Schwierigkeiten überfordert sind. Untersuchungen aus den 70er Jahren zeigen dabei einen deutlichen Mangel an fachlichem Grundwissen im streng biologisch-medizinischen Bereich. Daher ist nur allzu verständlich, dass das Fachwissen in anderen Bereichen, wie etwa dem psychologischen, soziologischen, politischen oder ethischen, erst gar nicht zur Sprache kommt. Schuld daran könnte auch eine unzureichende Lehrerausbildung für Sexualerziehung sein, obwohl in den Lehrplänen der Pädagogischen Akademien für die Ausbildung allgemeiner Pflichtschullehrer Anmerkungen zur

Sexualerziehung in den Fächern Erziehungswissenschaft, in der Religionspädagogik, in den Biologischen Grundlagen der Erziehung und im Sachunterricht zu finden sind. Betrachtet man jedoch den Umfang und die Lehrstoff-Anforderungen genauer, so erkennt man relativ rasch, dass das sexualpädagogische Angebot mehr als spärlich ausfällt. Dieses Thema würde eine längerfristige Behandlung benötigen und sollte nicht nur kurz angerissen werden. Es obliegt auch oft dem Interesse des Professors, dieses Thema mehr oder weniger zu behandeln, weil es ja eine Vielzahl von Themen gibt, die durchgenommen werden sollten. Manche Professoren neigen dazu, die Vermittlung vielen Medien zu überlassen, um selbst nicht viel darüber reden zu müssen. Doch wie sollen die zukünftigen Lehrer wissen, wie sie dieses Thema im Unterricht behandeln sollen (vgl. Hasenhüttl 1997, S. 87-88)?

Natürlich kann man diese Aussagen nicht verallgemeinern, da es sicher Professoren gibt, die sich in diesem Bereich wirklich bemühen, den Studenten Grundlagen zu vermitteln. Was ich bei meiner Ausbildung in diesem Bereich hauptsächlich bemängeln könnte, ist, dass wir zu wenig Zeit dafür hatten. Im Fach Erziehungswissenschaften bildeten wir z. B. Gruppen, um den Bereich Sexualerziehung durch schriftliche Ausarbeitung weitgehend abzudecken. Jede Gruppe war über den eigenen ausgearbeiteten Bereich bestens informiert. Leider ist es nur bei diesem einen geblieben, weil keine Zeit mehr für das Vortragen aller Seminararbeiten zur Verfügung stand.

Im Fach Sachunterricht hatte ich wiederum das Gefühl, dass die Professorin dieses Thema auf die Studenten durch Referate abwälzen wollte. Zwei Studenten bekamen somit den Auftrag, sich einen beliebigen Artikel zur Sexualerziehung auszusuchen und ihn vorzutragen. Eine ausführliche Nachbesprechung folgte jedoch nicht. Was ich dabei vermisst habe, ist, wie man dieses heikle Thema in der Schule didaktisch umsetzen könnte, denn genau dieses Wissen fehlt den meisten Lehrern. Daher ist es kein Wunder, dass sich viele starr an das Sachunterrichtsbuch halten und möglichst keine Abweichungen zulassen.

Einige Lehrer verlassen sich vielleicht auf Fort- und Weiterbildungsveranstaltungen, um ihren Wissensstand aufzubessern. Doch leider sieht das Angebot in diesem Bereich sehr dürftig aus, obwohl der Erlass zur Sexualerziehung in der Grundschule Folgendes vorschreibt: „In Form von Lehrerarbeitsgemeinschaften werden im Bereich der einzelnen Landesschulräte Möglichkeiten zu bieten sein, sich mit der speziellen Didaktik und Methodik dieses Gebietes auseinander zusetzen und Anregungen und Erfahrungen auszutauschen. Im Rahmen der Lehrerfortbildung wird dieses Aufgabengebiet besonders zu berücksichtigen sein. Insbesondere darf in Zusammenhang mit der Bereitstellung der „Materialien zur Sexualerziehung - Partnerschaft: Liebe mit Verantwortung" auf das Erfordernis einer regen Inanspruchnahme der verstärkt angebotenen Fortbildungsveranstaltungen zur Sexualerziehung hingewiesen werden" (BMUK, 25.04.1994, Online im Internet [05.12.1999]).

Kurz gesagt, die Fortbildungsmaßnahmen für Lehrer werden in diesem Bereich immer noch auf einem Minimum gehalten, obwohl gerade in diesem Bereich jeder Erzieher unmittelbar selbst betroffen ist. Es wird von ihm nicht nur Reflexion, sondern auch die Reversion seines Sexualverhaltens und damit Um- und Selbsterziehung verlangt. Die meisten Pädagogen verdrängen jedoch bewusst oder unbewusst, dass ihre eigene Einstellung zur Sexualität die Erziehungspraxis auf vielfältige Weise bestimmt. Werden Schwierigkeiten angesprochen, so beschränken sie sich nur auf die Angst vor Konflikten mit der Öffentlichkeit, auf didaktisch-methodische Probleme und auf die Organisation (vgl. Hasenhüttl 1997, S. 88-89).

5.4.1 PLANUNG UND DURCHFÜHRUNG

Nichtsdestotrotz müssen sich die Lehrer mit der Sexualerziehung auseinandersetzen. Daher sieht der Erlass zur Sexualerziehung in der Grundschule vor, dass in einer Lehrerkonferenz zu Beginn des Schuljahres die Gesamtplanung der Sexualerziehung abzuklären ist. Der Schulleiter soll dabei diese Erziehungsarbeit koordinieren und die Lehrer zu pädagogischer Zusammenarbeit führen. Weiters soll in der Lehrerkonferenz ein Plan für die Elternberatungen erstellt werden. Die Aufgabe des Klassenlehrers ist es, den sexualpädagogischen Unterricht in den einzelnen Klassen aufeinander abzustimmen. In den Klassenkonferenzen werden die Ergebnisse besprochen, um bestmöglich erzieherisch tätig werden zu können (vgl. BMUK, 25.04.1994, Online im Internet [05.12.1999]).

5.4.2 STELLUNG UND AUFGABEN DES LEHRERS

Sexualerziehung in der Grundschule soll als integrierter Teil der Gesamterziehung den Kindern helfen, ihre persönliche Identität zu finden. Dies geschieht dadurch, dass sie lernen, ihre Entscheidungen und Handlungen durch ausreichende und eigenständige Argumente zu begründen. Die Vertiefung des Wissens und das Hinführen zu persönlichen Wertvorstellungen sollen zu einer tief greifenden und wirksamen Bewusstseinsbildung führen, wobei Sexualität als wichtiger, natürlicher und positiver Aspekt begriffen werden soll. Der Lehrer soll dabei begleitende Bezugsperson sein und eine vertrauensvolle Kommunikation ermöglichen. Weiters soll er auf die Informationsbedürfnisse der Schüler je nach Entwicklungsstand und jeweiliger Sozialstruktur der Klasse Rücksicht nehmen. Haben Schüler Probleme oder persönliche Fragen, sollte der Lehrer in beratenden Einzelgesprächen darauf eingehen. Wichtig ist, dass der Lehrer im Unterricht eine vertrauensvolle Atmosphäre schafft, in der eine offene und natürliche Sprache gepflegt wird. Dabei ist eine gute Ausdrucksfähigkeit der Schüler für den Sexualbereich aufzubauen und ein entsprechendes Sprachverhalten zu entwickeln. Auf Vulgärausdrücke oder abwertende Äußerungen soll der Lehrer auf jeden Fall taktvoll eingehen und nicht gleich mit Sanktionen reagieren, weil die Schüler oft selbst nicht die Bedeutung dieser Wörter kennen und sie dadurch erklärt haben wollen (vgl. BMUK, 25.04.1994, Online im Internet [05.12.1999]).

Wesentlich jedoch ist, dass der Lehrer die gemeinsame Unterrichts- und Gesprächsbasis nur dann verbessern kann, wenn er sich durch Beobachtungen einen Überblick über den Wissensstand der Schüler verschafft. Somit kann er daran anknüpfen und die Kinder zum Nachsprechen und Aussprechen von Benennungen und zum Erzählen von Sachverhalten befähigen. Durch solche Gespräche lernt das Kind, über persönliche Schwierigkeiten zu sprechen und die beklemmende Scheu, die damit verbunden ist, abzulegen. Dies gilt sowohl für das Verhältnis zu den Eltern, mit denen zu reden das Kind ertüchtigt und ermuntert werden soll, als auch für die späteren zwischenmenschlichen Probleme vor und in der Ehe.

Bei Gesprächen mit den Kindern sollte der Lehrer auf jede Lehrart verzichten, die sich von den bisher üblichen unterscheidet. Er würde sonst dem Sensationsbedürfnis der Kinder entgegenkommen, was zu unerwünschten Spannungen in der Klasse führen könnte. Dies gilt auch für die Trennung von gemeinsam unterrichteten Jungen und Mädchen.

Gespräche sind zwar wichtig, sollten sich jedoch nicht nur auf das Wort beschränken, sondern durch zahlreiche Demonstrationshilfen und Bildungsmittel erarbeitet, veranschaulicht, vertieft und erweitert werden, wobei auf eine kritische Auswahl zu achten ist. Nach den Gesprächen mit der Klasse sollte der Lehrer auf eine klar gegliederte Zusammenfassung der Unterrichtsergebnisse in keiner Altersstufe verzichten, da man das bei anderen „normalen" Themen ja auch nicht tut. Achtet der Lehrer auf all diese Dinge, wird er bei den Schülern somit eine positive und unbefangene Einstellung zur eigenen und fremden Sexualität erreichen und stärken (vgl. Dietz 1996, S. 7-8).

5.4.3 DIE VORBILDWIRKUNG DES LEHRERS

So wie Eltern leben Lehrer ihr individuelles Menschsein den Kindern vor und sind somit ein Vorbild, ob sie es nun wollen oder nicht. Sie können dabei nur entscheiden, ob sie sich mit den Wirkungen, die von ihnen ausgehen, bewusst auseinander setzen und diese vielleicht sogar steuern oder ob sie sich darüber keine Gedanken machen.

Es gibt z. B. unterschiedliche Formen, die eigene Sexualität in nicht-sexuelle Kontexte einzubringen. Auch Lehrer verfügen über eine sexuelle Ausstrahlung, wobei sich einige keine Gedanken über die Wirkung machen (Kleidung, kokettes Verhalten...) bzw. nicht zwischen dem Umgang mit Menschen aus dem Bekanntenkreis und dem Umgang mit Schülern unterscheiden möchten. Andere wiederum versuchen sich ihrer Ausstrahlung bewusst zu sein und sie im Sinne ihrer pädagogischen Rolle auch einzusetzen (vgl. Etschenberg 1996, S. 89).

Ein schlechtes Beispiel einer Lehrerin zeigt dabei die Psychologin Christa Meves auf. Sie hatte einen Jungen zu betreuen, der ständig vor Messern und Scheren in Ohnmacht fiel und sich nie weit von der Mutter entfernen wollte, da er Angst hatte, sterben zu müssen. Untersuchungen ergaben, dass der Junge schwere Schuldgefühle hatte, auf die er mit Bestrafungsängsten reagierte. Er entwickelte dabei oft die Fantasie, dass ihm sein Glied abgeschnitten werde. Ursache für seine Ängste war seine attraktive

Lehrerin, die offenbar selbst sehr stark sexualisiert war. Sie kleidete sich nicht nur auffällig, sondern hatte den Kindern in der 3. und 4. Grundschulklasse auch immer wieder durch detaillierte Informationen mit Fotos und sexualisierenden Zeichnungen Sexualaufklärung vermittelt. Im Jungen kam infolgedessen immer mehr der Wunsch hoch, all das, was er im Unterricht erfahren und gesehen hatte, auch mit der Lehrerin zu versuchen. Während des Unterrichts hatte er einige Male Gliedversteifungen, wobei er sich aber sehr schlecht fühlte, denn schließlich war die Lehrerin ja verheiratet (vgl. Meves 1995, S. 43)!

Das Kind war der Erwachsenensexualität, die diese Lehrerin vermittelte, einfach nicht gewachsen, wobei man auch sagen kann, dass diese Art der Vermittlung auch nicht geschehen sollte oder darf. Solche Fälle, wie der oben genannte, kommen sicher nicht sehr oft vor, sollten jedoch trotzdem nicht belächelt oder missachtet werden, da diese aufkommenden Angstneurosen das Leben der Kinder schwer beeinträchtigen können.

Ein Kind kann zwar nie zu früh über Sexualität erfahren, sollte jedoch äußerst behutsam und altersgerecht an dieses Thema herangeführt werden, denn worauf es ankommt, ist das „Wie". Der Lehrer sollte daher die Methodenwahl besonders berücksichtigen und sich seiner Vorbildwirkung bewusst sein.

5.4.4 DIE SPRACHE DES LEHRERS

Immer wieder ist in vielen Büchern der Hinweis aufzufinden, dass sich der Lehrer in der Grundschule einer angemessenen Sprachform bedienen soll. Doch die Frage ist, was darunter verstanden wird.

Schule ist ja in der Regel eine staatliche Institution mit öffentlich-rechtlichem Charakter. Somit weist sie nicht die Merkmale des Privaten, Intimen und Persönlichen wie in der Familie auf. Infolgedessen hat dies auch Auswirkungen auf den sprachlichen Umgang mit Schülern, denn der Rahmen für das Unterrichtsgespräch wird stets die Öffentlichkeit sein. Aus diesem Grund muss sich der Lehrer Gedanken machen, welcher Sprache er sich nun am besten bedienen soll, um nicht etwas falsch zu machen, denn die Eltern wachen darüber, ob die „Sexualsprache" des Lehrers ihren Vorstellungen entspricht. Um jedoch herausfinden zu können, welches nun die geeignete Sprachform darstellt, sollte man sich erst einmal vor Augen halten, welche Sprachebenen es überhaupt gibt. Insgesamt findet man nämlich vier Sprachebenen vor, die man für die Entscheidung berücksichtigen sollte (vgl. Kluge 1996, S. 41).

5.4.4.1 DIE KINDERSPRACHLICHE EBENE

Auf dieser Sprachebene kann man folgende Ausdrücke hören: Fläumchen für Vagina, Muschi, Pimmelchen, Pullermann usw. Diese Wörter gehören heute nicht mehr ausschließlich zum Vokabular der Grundschulkinder, da die Verniedlichung mancher Wörter von den Kindern als „kindisch" abgelehnt wird und auch in der Öffentlichkeit auf dieser Altersstufe verpönt ist. Eine solche Ausdrucksweise wird somit nur dem Kleinkindalter zugestanden (vgl. Kluge 1996, S. 41).

5.4.4.2 DIE VULGÄRSPRACHLICHE EBENE

Wörter wie Schlitz, Fotze, Möse, Schwanz, Stange usw. repräsentieren die Vulgärsprache und sind nicht immer eindeutig zu verstehen. Wer diese Wörter in der Öffentlichkeit verwendet, macht sich angreifbar, da sie als derb und obszön gelten.

Daher ist es verständlich, dass diese Sprache zum Gegenstand der kritischen Auseinandersetzung gemacht wird, ohne sie jedoch in den Mittelpunkt zu stellen. Man sollte in der Schule von ihr ausgehen und ein klärendes Unterrichtsgespräch darüber führen (vgl. Kluge 1996, S. 41-42).

5.4.4.3 DIE STANDARDSPRACHLICHE EBENE

Unter die Standardsprache fallen Wörter wie Scheide, Kitzler, Glied, Hoden usw. Der Ausdruck „miteinander schlafen" fällt auch in diesen Bereich, beschreibt jedoch den Vorgang alles andere als treffend und präzise. Im jeweiligen Zusammenhang und durch einige Erklärungen des Lehrers wird der Schüler die Bedeutung erkennen und verstehen, denn solch verschleierte Sachverhalte werden noch immer lieber in Kauf genommen als gleichbedeutende Sexualwörter aus der Kinder- und Vulgärsprache (vgl. Kluge 1996, S. 42).

5.4.4.4 DIE FACHSPRACHLICHE EBENE

Fachsprachliche Termini sind z. B. Vagina, Klitoris, Vulva, Penis, Testes usw. Diese Ausdrücke können meist auf lateinische Ursprungswörter zurückgeführt werden und wirken außerhalb des Fachgesprächs nüchtern und distanziert. Ihr Vorzug liegt nur in der präzisen Darstellung. Das ist auch der Grund, warum es auf dieser Sprachebene keine oder nur wenige gleichbedeutende Sexualwörter gibt.

Der Fachausdruck „Penis" wird heutzutage dem Begriff „Glied" vorgezogen, da dieses Wort auf Grund der häufigen Benutzung schon mehr als standardsprachlicher Begriff eingestuft wird. Ansonsten bleibt diese Sprachebene eher im Hintergrund (vgl. Kluge 1996, S. 42-43).

5.4.4.5 FOLGERUNGEN FÜR DAS GESPRÄCH IM SACHUNTERRICHT DER GRUNDSCHULE

Es ist immer deutlicher zu erkennen, dass Kinder der vier Grundschulklassen Ausdrücke aus allen vier Sprachschichten verwenden. Da die Schule ja eine staatliche und öffentlich-rechtliche Einrichtung ist, wird sie hauptsächlich die Bezeichnungen der Standardsprache verwenden. Das Ziel ist es nämlich, die Schüler zu befähigen, sich in den verschiedensten Situationen in der Öffentlichkeit sprachlich angemessen zu verhalten. Dabei sind standardsprachliche Ausdrücke im Vergleich mit den Bezeichnungen der anderen Sprachebenen diejenigen, die von der Öffentlichkeit in hohem Maße toleriert und akzeptiert werden. Das heißt aber trotzdem nicht, dass man alle Ausdrücke einfach unkritisch in den Unterricht übernehmen sollte. Daher wäre es auch sinnvoll, solche Wörter im Sachunterricht auf ihre Fragwürdigkeit hin zu untersuchen.

Obwohl die Standardsprache in der Grundschule gefordert ist, sollte man Schüler, die zu Beginn des Sexualunterrichts auch die Kinder- und Vulgärsprache gebrauchen, nicht mit harten Worten strafen. Die Schüler sollten am Anfang alle Ausdrücke verwenden dürfen. Wichtig ist nur, dass sich der Lehrer als Lernmodell der Standardsprache bedient und so die Schüler behutsam zu dieser Sprache führt (vgl. Kluge 1996,　　　S. 43-44).

Man sollte ebenfalls die Tatsache nicht vergessen, dass Wörter, vor allem im Bereich der Sexualität, bestimmte Assoziationen in uns auslösen und unsere Haltungen und Gefühle in ganz erheblichem Maße beeinflussen. Die dabei ausgehende Macht der Sprache sollte man daher nicht unterschätzen (vgl. Sanders, Swinden 1992, S. 31).

5.4.4.6 EINE ÜBUNG FÜR LEHRER ZUM THEMA „SPRACHE　UND SEX"

Die folgende Übung kann z. B. im Rahmen von Fortbildungsveranstaltungen und Kursen zur Sexualerziehung von Lehrern durchgeführt werden. Durch diese Übung wird versucht, die Lehrer zum Reden zu bringen, weil viele ja selbst Schwierigkeiten haben, über dieses Thema zu sprechen. Bei bereits durchgeführten Übungen wurde festgestellt, dass Grundschullehrer dabei größere Probleme hatten als Sekundarstufenlehrer. Die Ursache dafür könnte sein, dass Grundschullehrer die „Unschuld" der jüngeren Kinder bewahren wollen.

Bei der Übung zum Thema „Sprache und Sexualität" werden die Teilnehmer in gleich große Gruppen aufgeteilt, wobei jede Gruppe einen großen Papierbogen und dicke Filzstifte erhält. Sie haben dann die Aufgabe, in einem Brainstorming alle Begriffe zu notieren, die ihnen zu folgenden

Bereichen einfallen:
- weibliche Sexualorgane,
- männliche Sexualorgane,
- Geschlechtsverkehr.

Jede Gruppe soll hierbei aber nur einen Bereich bearbeiten, wofür sie ungefähr 5-10 Minuten Zeit hat. Anschließend können die Bögen an die nächste Gruppe weitergereicht werden, um weitere Begriffe hinzufügen zu können. Nach dem Brainstorming sollen die Bögen für jeden sichtbar aufgehängt werden. Jedem Mitglied sollte dann Gelegenheit gegeben werden, über seine Gefühle, die er dabei hatte, zu sprechen. Die anschließende Diskussion kann dadurch ausgeweitet werden, dass man die Probleme und Fragen genauer erörtert. Durch Impulsfragen könnte man sich z. B. überlegen, welche Arten von Begriffen gefunden wurden, was die sprachlichen Ausdrücke über die eigene Einstellung zum Sex zeigen und inwieweit diese Übung die Arbeit mit den Kindern beeinflusst (vgl. Sanders, Swinden 1992, S. 31-32).

5.4.5 UNTERRICHTSSTILE

Obwohl jeder von uns auf verschiedene Art und Weise lernt, zeigen uns Untersuchungen recht deutlich, dass die meisten Lehrer dazu neigen, in der gleichen Weise zu unterrichten, wie sie selbst einmal unterrichtet worden sind. Die typische „Wandtafel-Kreide-Methode" führt jedoch häufig zu Konformität und verlangt von den Lernenden weder Eigeninitiative noch individuelle Meinungsäußerungen. Für den Lehrer bietet diese Methode sicherlich einige Vorteile. Er kann Wissen auf ökonomische Weise vermitteln, das Erreichen der Lehrziele besser überprüfen und nur das vermitteln, was er für wichtig hält.

Bleibt dies jedoch der einzige Unterrichtsstil, so kann es passieren, dass man die Kinder zum inneren Aussteigen verführt und sie nicht motiviert, dass die unterschiedlichen Entwicklungsstufen der Kinder nicht berücksichtigt und ihre Erfahrungen außer Acht gelassen werden. Hinzu kommt noch, dass die Kinder keine Selbstständigkeit und Eigeninitiative erlangen.

Aus diesem Grund sollte der Lehrer bei diesem Thema auch einen kooperativen Gruppenunterricht in die Stunde einbauen. Dadurch wird den Kindern die Erfahrung ermöglicht, mit anderen zusammenzuarbeiten, von ihnen und über sie zu lernen und dadurch Selbstvertrauen aufzubauen. Gleichzeitig werden soziale und intellektuelle Fähigkeiten entwickelt. Somit erwerben die Kinder nicht nur Faktenwissen, sondern lernen auch, sich in eine Gruppe einzugliedern und auf andere Rücksicht zu nehmen, was ja schließlich ebenfalls zur Sexualerziehung gehört (vgl. Sanders, Swinden 1992, S. 23-25).

5.5 DER MEDIENEINSATZ

In der Sexualerziehung kann der Medieneinsatz eine wesentliche Stütze für den Lehrer darstellen, vorausgesetzt, er wird durch ihn nicht ersetzt. Filme, Bilder, Dias und andere Anschauungsmittel bedürfen nämlich des vorbereitenden Unterrichts und des nachfolgenden Gesprächs und sind daher nicht Selbstzweck, sondern dienen der Bereicherung.

Die Anforderungen, die an die Anschauungsmittel

gestellt werden, gelten für den Bereich Sexualerziehung ebenso wie für alle anderen Themen. Eine kritische Auswahl ist aber zwingend notwendig, da die Medien im Augenblick des Einsatzes keine unerwünschten Reiz- und Schockwirkungen auslösen sollen. Der Lehrer soll dabei über die entwicklungs- und milieubedingten Unterschiede seiner Klasse Bescheid wissen, um zu problematisch gestaltete Materialien von vornherein ausschließen zu können. Durch Maßnahmen wie die allmähliche Steigerung von der Schemazeichnung bis zur natürlichen Abbildung, Vorwegklärung von Begriffen und psychologisch geschickte Reihenfolge kann die Unterrichtssituation entschärft werden. Aus diesem Grund nehmen Dias eine Vorrangstellung ein, da sie Dauerbilder, eine situationsbedingte Zusammenstellung, eine Gegenüberstellung, Wiederholung und Erweiterung möglich machen. Beachtet man aber, dass die Grundschüler geschlechtliche Dinge in der vorpubertären Phase mit interessierter Unbefangenheit aufnehmen, weil die Lustsperre noch kaum wirksam ist, werden Befürchtungen vor seelischem Schaden durch zu frühe Behandlung gegenstandslos. Das Bildgut darf jedoch auf keinen Fall ins Unverbindliche ausweichen, sondern muss ausreichend sachbezogene Informationen geben (vgl. Dietz 1996, S. 8).

5.5.1 ORGANISATIONSPRINZIPIEN

Der Lehrer muss vor dem Einsatz der Medien einiges beachten:

- Der Lehrer hat die Medien zu koordinieren.
- Die Medien sind für die jeweilige Altersstufe

kritisch einzuordnen.

- Unangemessene Bilddemonstrationen sind auf jeden Fall zu unterlassen.
- Der Lehrer muss sowohl das schriftliche Begleitmaterial als auch das Medium unbedingt selbst vorher anschauen.
- Vor dem Einsatz sind die Medien den Eltern am Elternabend vorzustellen. Der Lehrer könnte dazu auch einen unverbindlichen Termin zur Einsichtnahme anbieten.
- Erst danach kann eine endgültige Auswahl für den Unterricht erfolgen (vgl. Dietz 1985, S. 56).

5.5.2 VERSCHIEDENE MEDIENARTEN
Der Lehrer sollte im Unterricht nicht immer die gleichen Medien einsetzen, weil sie für die Schüler sonst unattraktiv werden. Zum Thema Sexualerziehung werden heutzutage, wenn auch noch nicht häufig, schon Medien aus den verschiedensten Bereichen angeboten, sodass ein abwechslungsreicher Einsatz eigentlich kein Problem darstellen sollte. Doch die Frage ist, welche Medien für den Sexualunterricht brauchbar sind. Die folgende Auflistung soll dies nun zeigen.

5.5.2.1 SCHRIFTEN
Bücher und Schriften bieten in der Schule einen vielfältigen Einsatz, weil sie der Text- und Bildinterpretation dienen, Informationen geben und somit zur eigenen Horizonterweiterung beitragen. Deshalb sollte auf dem Gebiet der Sexualerziehung in der Klassen- und Schulbücherei eine Auswahl geeigneter Literatur zur Verfügung stehen.

Im Bereich der Schriften spielen für die Kinder neben den schulischen auch außerschulische Aufklärer eine wichtige Rolle. Darunter fällt die bekannte Zeitschrift „Bravo", die immer noch in Millionenhöhe verkauft und von den Kindern mit äußerst regem Interesse gelesen wird. Führt der Lehrer jedoch Sexualunterricht unter Einbezug der Kinder durch, werden sie bald von dieser Zeitschrift ablassen, weil im Unterricht über ihre eigenen Erfahrungen gesprochen wird und nicht über die anderer (vgl. Dietz 1985, S. 57-58).

5.5.2.2 ARBEITSMITTEL

- Unter den Bereich Arbeitsmittel fallen Modelle, Bildtafeln, Overheadfolien, Zeitungsausschnitte und Arbeitsblätter.
- Modelle stellen körperhafte Hilfsmittel dar (z. B. Beckenmodell). Sie helfen den Kindern, sich etwas exakt vorstellen zu können und nicht wie Schnittzeichnungen zu verwirren. Daher sollten Modelle, falls sie in den Schulen vorhanden sind, auf jeden Fall eingesetzt werden.
- Bildtafeln dienen der thematischen Zusammenschau wichtiger Ergebnisse, wobei die Bilder die Kinder anregen, sensibilisieren und ihre Wissenslücken schließen. Weiters können durch die Bildmotive Tabus, wie z. B. die Nacktdarstellung des weiblichen Körpers, abgebaut werden. Bildtafeln mit Haftelementen sind für Kinder besonders motivierend.
- Overheadfolien sind heutzutage für Kinder ebenfalls ein Anreiz. Sie eignen sich vor allem zum Erklären und gemeinsamen Erarbeiten gewisser

Sachverhalte.

- Zeitungsausschnitte, Werbeseiten, Plakate sowie Schlagertexte zu diesem Thema aktualisieren wiederum den Unterricht, weil man die gegenwärtige Situation unserer Gesellschaft miteinbezieht und somit den Unterricht durch Diskussionen belebt.
- Arbeitsblätter sind aus dem heutigen Unterricht kaum mehr wegzudenken. Sie bieten den Vorteil, dass der Lehrer sie so gestalten und umwandeln kann, wie er sie gerade für die Entwicklungsstufe seiner Klasse benötigt. Zusätzlich stellen sie auch Hilfen für Unterrichtsthemen dar, zu denen es wenig Material gibt (vgl. Dietz 1985,   S. 58-59).

5.5.2.3 AUDIOVISUELLE MEDIEN

Unter audiovisuelle Medien fallen Schallplatten, CDs, Tonbänder, Diareihen und Filme.

- Schallplatten, Tonbänder und CDs werden heute kaum mehr alleine eingesetzt, da sie nur den Hörbereich ansprechen. Deshalb sollte man sie immer mit Bildern kombinieren, um einen Erfolg bei den Kindern zu erzielen.
- Dias bieten Filmen gegenüber den Vorteil, dass Kinder durch das Standbild und den zusätzlichen Lehrervortrag Inhalt und Aussage des Bildes in aller Ruhe kombinieren können. Häufig dienen sie auch als nonverbaler Einstieg, um gewisse Sachverhalte zu verstärken und die Kinder zum Sprechen anzuregen.
- Der Film ist das einzige Mittel, Handlungsabläufe und   Entwicklungsprozesse   annähernd

realitätsgerecht darzustellen. Der Lehrer sollte aber darauf achten, dass er nicht zu alte Filme im Unterricht einsetzt, da diese häufig noch mehr Fragen aufwerfen, als sie klären würden. Wichtig ist auch, dass die Filme altersgerecht sind, dem Interessens- und Informationsstand der Kinder entsprechen und liebevoll gestaltet sind (vgl. Dietz 1985, S. 60).

- Durch diese Auflistung wird deutlich, dass man bei der Wahl der Medienart gar nichts falsch machen kann, weil sich alle hervorragend für dieses Thema anbieten. Voraussetzung ist aber, dass man sie abwechslungsreich einsetzt, sie kritisch betrachtet und die Kinder damit nicht überhäuft. Deshalb wäre es auch sinnvoll, Checklisten für die Brauchbarkeit von Medien anzulegen, um einen Überblick über geeignete Hilfen zu erhalten.

5.6 DIE ORGANISATION DER SEXUALERZIEHUNG

Sexualerziehung ist nicht nur Aufgabe des Lehrers, sondern auch die des Schulleiters, weil dieser für die Einhaltung der Richtlinien verantwortlich ist. Der Schulleiter sollte dabei auch oft die treibende Kraft für Lehrer darstellen, die skeptisch und mit Widerwillen an das Thema herangehen.

Weiteres sollte in einer Lehrerkonferenz zu Beginn des Schuljahres eine Gesamtplanung erstellt, Fach- und Expertenvorträge sowie Elternabende eingeplant und der Grundstock an Lehrmitteln ergänzt werden (vgl. Dietz 1996, S. 8-9).

5.6.1 DIE ZUSAMMENARBEIT MIT DEN ELTERN

Sexualerziehung ist, wie schon gesagt, die primäre Aufgabe der Eltern. Daher sollte die Schule in steter Zusammenarbeit mit dem Elternhaus stehen, um die vermittelten Wissensinhalte und Verhaltensweisen ergänzen, vertiefen und korrigieren zu können.

Der Erlass zur Sexualerziehung sieht dabei Folgendes vor: „In einer Elternversammlung in den ersten Monaten des Schuljahres ist vor allem in der Grundschule die Sexualerziehung in Elternhaus und Schule aufeinander abzustimmen. Die Aussprache mit den Eltern hat im Rahmen einer Klassenberatung stattzufinden, wobei altersspezifische Fragen und Unterrichtsinhalte der Sexualerziehung eingehend zu besprechen sind. Die Orientierung im Unterricht soll erst nach einer angemessenen Zeit beginnen, damit die Eltern ausreichend Gelegenheit zum Gespräch mit ihren Kindern haben" (BMUK, 25.04.1994, Online im Internet [05.12.1999]).

Der Erlass gibt auch an, dass die Eltern durch Empfehlung geeigneter Literatur von der Schule in ihrer Erziehungsarbeit unterstützt werden sollten. Ebenso sind die Unterrichtsmittel, die in der Schule Verwendung finden, den Eltern auf jeden Fall vorzustellen, um Gelegenheit zur Diskussion zu bieten.

Um in der Sexualerziehung Erfolge erzielen zu können, ist ein gutes Vertrauensverhältnis zwischen dem Lehrer und den Schülern notwendig. Das schließt mit ein, dass die Eltern rechtzeitig darüber informiert werden, welche Richtlinien in der Schule gelten und welche Themen im Unterricht behandelt werden, um auf Fragen der Kinder genauer und liebevoller eingehen zu können (vgl. BMUK, 25.04.1994, Online im Internet [05.12.1999]).

5.6.1.1 DIE AUFGABEN DES ELTERNABENDS

Der Elternabend gewinnt heutzutage immer mehr an Bedeutung, da die Eltern froh darüber sind, dass ihnen die Schule bei der Sexualerziehung helfend zur Seite steht. Den Eltern fällt es nicht immer leicht, über dieses Thema offen zu sprechen. Dabei soll der Elternabend mit seinen vielfältigen Aufgaben Abhilfe leisten:

▪ Information: Der Lehrer informiert hierbei die Eltern über die Sexualentwicklung der Kinder. Für eine differenziertere Darstellung kann er dabei auch externe Fachleute heranziehen. Ist ein entsprechendes Interesse der Eltern an gewissen Spezialthemen vorhanden, sollte dies in der Veranstaltung Berücksichtigung finden.

▪ Schülerfragen: Um das Interesse der Eltern zu wecken, kann der Lehrer auch authentische Fragen von Schülern vorlesen. Oft sind die Eltern danach sehr verblüfft, da deutlich wird, wie stark sich die Kinder auf Orientierungssuche begeben.

▪ Diskussion: Bei Elternabenden bekommen Eltern die Gelegenheit, Entscheidungsprobleme in einem größeren Kreis zu diskutieren. Man kann dabei von realen oder fiktiven Situationen ausgehen. Persönliche Probleme sollten jedoch eher in Kleingruppen geklärt werden.

▪ Empathie: Die Eltern lernen in diesen Gesprächen auch die Welt der Kinder besser zu verstehen, da sie ihr Wissen über das Leben ihrer Kinder austauschen können. Durch Rollenspiele könnte dies noch verstärkt werden.

- Pluralität: Die öffentliche Diskussion zeigt den Eltern ebenfalls auf, was für sie selbst wichtig ist und wo sie sich in der Reihe der möglichen Meinungen befinden.
- Subjektivität: Durch spezielle Arbeitsformen, wie z. B. die Fantasiereise, können die Eltern über ihre eigene Sexualentwicklung nachdenken. Danach werden sie erkennen, dass sie in die Erziehung ihrer Kinder auch immer den eigenen Lebenshintergrund miteinbringen. Vielleicht wächst dann die Bereitschaft, die Kinder besser zu verstehen und manche Fragen neu zu betrachten.
- Über Sexualität sprechen lernen: Fällt das Sprechen über Sexualität in der Öffentlichkeit noch schwer, bieten sich spielerische Sprechanlässe an. Dazu hat Claudia Eichmanns im Rahmen einer Freiarbeitskartei für Sexualerziehung ein eigenes Brettspiel namens „Kid's fragen nix" für Elternabende zur Sexualerziehung entwickelt. Dieses Spiel umfasst Ereignis- und Fragekarten, die zum Teil scherzhafte Auswahlantworten anbieten. Erreicht man ein bestimmtes Feld, muss man die entsprechende Karte ziehen. Bei einem schraffierten Feld zieht man also eine Ereigniskarte und bei den Fragezeichenfeldern eine Fragekarte. Bei der Beantwortung der Fragen kann somit auf spielerische Weise die Sprachkompetenz im Umgang mit diesem Thema erweitert werden. Entsteht eine themenbezogene Diskussion, so braucht das Spiel nur nach Bedarf weitergeführt zu werden (z. B. um Pausen zu überbrücken). Das

Brettspiel mit den dazugehörigen Ereignis- und Fragekarten ist im Anhang zu finden (Eichmanns 1990, S. 13-27).

- Interaktionskompetenz: Um ebenfalls Peinlichkeiten abzubauen und ein kooperatives Gruppenklima zu erzeugen, empfiehlt es sich, Interaktionsspiele mit den Eltern durchzuführen. Ein Beispiel für eine Übung wäre der „Gordische Knoten". Dabei werden die Augen geschlossen, und jeder greift mit seinen Händen nach den Händen anderer Personen. Der daraus entstehende Knoten muss wieder entwirrt werden, ohne jedoch die Hände währenddessen loszulassen.

- Anregung durch Medien: Das Angebot an Medien kann bei Elternabenden gesichtet werden und ebenfalls zur Diskussion anregen. Die Eltern können sich daraus auch Anregungen für die Sexualerziehung in der Familie holen.

- Konsensbildung: Durch den Elternabend lässt sich oft ein Konsens entwickeln, welche Medien für den Unterricht angeschafft und gezeigt werden sollen. Um den Einsatz von Medien jedoch nicht nur von der Zustimmung der Eltern abhängig zu machen, sollte die Konsensbildung erst bei einer kooperativen Atmosphäre in Angriff genommen werden.

- Unterstützung durch Beratungsstellen: Kommt es zu Problemfällen, kann der Lehrer die Eltern auf örtliche Beratungsstellen verweisen, damit sich diese dort Hilfe holen können.

Diese Auswahlliste von verschiedenen Arbeitsformen und Themen stellt nur eine Anregung dar, die nicht zwingend befolgt werden muss. Der Lehrer sollte dabei seinen persönlichen Arbeitsstil selbst finden und die Bereitschaft der Eltern, sich darauf einzulassen, mitberücksichtigen.

Als kleine Hilfe könnte der Ablauf eines Elternabends z. B. so aussehen, dass der Lehrer mit einer Information über die Sexualentwicklung der Kinder beginnt und auch typische Fragen der Kinder vorstellt. Danach führt er mit den Eltern eine Phantasiereise durch und bespricht mit ihnen im Anschluss aufkommende Fragen und Meldungen. Die Eltern könnten dabei auch vorbereitete Fragekärtchen in Gruppenarbeit bearbeiten und später im Plenum kurz darüber berichten. Der Abschluss sollte eine Vorführung und Diskussion sexualpädagogischer Medien beinhalten. Besonders wichtig ist jedoch, dass der Elternabend sowohl von den Eltern als auch vom Lehrer nicht als lästige Pflicht angesehen wird, weil sonst jegliche Bemühungen umsonst wären (vgl. Valtl 1994, S. 10-11).

5.6.2 EINLADUNG VON EXPERTEN

Auf die Einladung von Experten (z. B. eine schwangere Mutter, ein Arzt, frischgebackene Eltern) sollte in der Schule nicht verzichtet werden, vorausgesetzt, man lässt sie nicht die ganze Arbeit erledigen. Einige Lehrer neigen nämlich dazu, die Behandlung heikler Themen anderen zu überlassen. Der klassische Fall ist hierbei der Besuch eines Arztes, der mit den Mädchen über die Menstruation spricht. Die Vermittlung von Fakten im Bereich der Sexualität wird eben als Domäne medizinisch vorgebildeter Personen angesehen, wobei die Gefühle häufig außer Acht gelassen werden.

Oft passiert es auch, dass der eingeladene Besucher

nicht in die vorbereitete Planungsarbeit eingeweiht ist und somit unzureichende Informationen über den aktuellen Wissensstand und den soziokulturellen Hintergrund der Kinder hat. Die Folge davon ist, dass sowohl der Lehrer als auch die Kinder gelangweilt sind und mit ihren Gedanken abschweifen. Deshalb sollte sich der Lehrer mit dem außerschulischen Besucher vorher absprechen und abklären, was er sich für den Unterricht erwartet. Auch die Schüler sollten in die Vorbereitungen miteinbezogen werden, denn die Erfahrung mit einem Besucher kann in der persönlichen Entwicklung der Kinder nur dann eine wichtige Rolle spielen, wenn sie sich auf ihn vorbereiten und um ihn kümmern können und dürfen. Auf diese Weise übernehmen sie ein Stück Verantwortung für ihren eigenen Lernprozess. Unter die Vorbereitung fällt z. B. die Erstellung eines Fragenkatalogs, die Zuweisung der Fragen an einzelne Kinder, die Einteilung der Kinder, die während des Besuchs auf die Zeit schauen, mitschreiben, dem Besuch Erfrischungen anbieten, ihn begrüßen und dann wieder mit einem Dank verabschieden. Diese Vorbereitungen können den Unterricht wesentlich beleben und auch für den Experten eine große Hilfe darstellen.

Nachdem der Experte den Raum verlassen hat, sollten die Kinder auf jeden Fall die Gelegenheit bekommen, über das Gehörte miteinander zu sprechen, um es verarbeiten zu können. Lässt der Lehrer all das zu, so werden die Kinder jedem neuen Besuch mit Freude entgegenblicken (vgl. Sanders, Swinden 1992, S. 62-63).

Verwendete und weiterführende Literatur:

BÖLLER, Heidi: Wo kommen die Kinder her?. Sieben Unterrichtseinheiten zur Sexualerziehung. In: Grundschulmagazin. (1996), H. 6, S. 17-20.

BROCKHAUS: Enzyklopädie in 24 Bänden. Bd. 20. 19. Auflage. Mannheim: 1993.

BMUK: Sexualerziehung in den Grundschulen: Grundsatzerlass. 25.04.1994. Online im Internet, URL: http://www.vdloe.vienna.at/Texte/Recht/RS94_36.htm, [Stand: 05.12.1999].

BMUK: Erzähl uns nichts vom Storch. Ein Angebot für die Sexualerziehung in der Grundschule. Medienpaket. Begleitheft für LehrerInnen. Wien: o. J.

DER HELFER: Vertrauen - Zärtlichkeit - Partnerschaft. Beiträge zur Sexualerziehung. Heft 1. Wien: 1988/89.

DIETZ, LINUS: Sexualerziehung aber wie?. Grundlegung. Unterrichtspraxis. Elternarbeit. Bd. 103. Ansbach: 1985.

DIETZ, Linus: Sexualerziehung in der Grundschule. Eine Grundlage für Bildung und Lebensbewältigung. In: Grundschulmagazin. (1996), H. 6, S. 4-9.

EICHMANNS, Claudia: Freiarbeit-Kartei zur Sexualerziehung. Mülheim an der Ruhr: 1990.

ETSCHENBERG, Karla: Vorbild, Vermittler, Berater. Die Rolle der Lehrerinnen und Lehrer in der Sexualerziehung. In: Schüler 1996. Liebe und Sexualität. Berlin: 1996, S. 89-93.

FENSTERER, Barbara: AIDS-Aufklärung in der Grundschule? Sexualpädagogische und didaktisch-methodische Grundüberlegungen an ausgewählten Unterrichtsbeispielen (4. Schuljahr). In: Kluge, Norbert (Hrsg.): Sexualunterricht in der

Grundschule. Bad Heilbrunn: 1996, S. 153-181.

HANE, Willy; HOLTERMANN, Eva: „Mutti, Vati, wo komme ich her?". Sexualerziehung in Familie, Kindergarten und Grundschule: ein Ratgeber für Eltern und Pädagogen. Kissing: 1997.

HASENHÜTTL, Erika: Wenn der Samen mit dem Ei ... Sexualerziehung ohne Lust und Liebe. Wien: 1997.

HAUG-SCHNABEL, Gabriele: Sexualität ist kein Tabu. Vom behutsamen Umgang mit einem schwierigen Thema. Freiburg: 1997.

HOFFMANN, Nadine; HOFMANN, Sabine: Ich sage nein!. Möglichkeiten zur präventiven Erziehung gegen sexuellen Missbrauch. In: Grundschulmagazin. (1996), H. 6, S. 21-24.

KARLSRUHE: Sexualerziehung. 08.09.1998. Online im Internet, URL: http://www.karlsruhe.de/Jugend/Kinderbuero/Juschutz/sexerzie. htm, [Stand: 05.12.1999].

KLUGE, Norbert: Das sexuelle Sprachproblem und die Möglichkeiten seiner Bewältigung in der Kommunikation mit Grundschülerinnen und Grundschülern. In: Kluge, Norbert (Hrsg.): Sexualunterricht in der Grundschule. Bad Heilbrunn: 1996, S. 33-45.

KLUGE, Norbert: Einleitung. In: Kluge, Norbert (Hrsg.): Sexualunterricht in der Grundschule. Bad Heilbrunn: 1996, S. 7-11.

KLUGE, Norbert: Sexualerziehung statt Sexualaufklärung. Von der biologistischen zur mehrperspektivisch-integrativen Betrachtungsweise sexualerziehlicher Programme. Streiflichter und Unterrichtsprogramme (1968-1985). Band 1. Frankfurt am Main: 1985.

KOMMENTAR ZUM LEHRPLAN DER VOLKSSCHULE. 2. Auflage. Wien: 1996.

MEVES, Christa: Kindgerechte Sexualerziehung. Bilanz und Neuanfang. 2. Auflage. Kassel: 1995.

MÖNKEMAYER, Karin: Kindliche Sexualität - heute. Tabus - Konflikte - Lösungen. 3. Auflage. Weinheim und Basel: 1997.

NEUBAUER, Georg: Kuscheln, Streicheln, Doktorspiele. Sexualität bei Kindern. In: Schüler 1996. Liebe und Sexualität. Berlin: 1996, S. 26-28.

RADIO WDR2: „Bienen und Schmetterlinge sind out". Sexualerziehung statt sexueller Aufklärung. 30.03.1999. Online im Internet, URL: http://www.wdr.de/radio/wdr2/westzeit/psychologie990322.htm l, [Stand: 05.12.1999].

RAUSCH, Martina: Schwangerschaft und Geburt als Lehraufgabe in einem 3. Schuljahr. In: Kluge, Norbert (Hrsg.): Sexualunterricht in der Grundschule. Bad Heilbrunn: 1996, S. 75-127.

SANDERS, Peter; SWINDEN, Liz: Lieben, Lernen, Lachen. Praxishilfen Sexualerziehung für Kinder von 6-12. Mülheim an der Ruhr: 1992.

SCHIMMLER, Ute: Schüler erkennen den Unterschied zwischen Mädchen und Jungen. In: Grundschulmagazin. (1996), H. 6, S. 11-12.

STAEHLE, Isabelle: Erste Erfahrungen mit einer sexualerziehlichen Unterrichtseinheit im 2. Schuljahr. In: Kluge, Norbert (Hrsg.): Sexualunterricht in der Grundschule. Bad Heilbrunn: 1996, S. 47-73.

THOMASKY, Ingrid: Lernziel Zärtlichkeit. Emotionale Aspekte der Sexualerziehung in der Grundschule. Weinheim und Basel: 1978.

VALTL, Karlheinz: Aufgaben und Gestaltung des Elternabends zur Sexualerziehung. In: Schulmagazin. (1994), H. 4, S. 10-11.

WACK, Susanne: Sexuelle Gewalt gegen Kinder. Selbstbehauptung, Stärkung und Sensibilisierung als Unterrichtsthema im Primarbereich (3. Schuljahr). In: Kluge, Norbert (Hrsg.): Sexualunterricht in der Grundschule. Bad Heilbrunn: 1996, S. 129-151.

Johann Pehofer

Loss Of Pedagogics due to 'New Media' ?

The discussion about basic questions in education is getting more and more complex. The change of paradigm [1] not only concerns the change to the 'open society' through reduction of life commitments but also concerns – throughout life-changing technologies such as data processing and digitalisation – all aspects of society and thus also of pedagogics.

This opens new options and possibilities but at the same time forces the individual to 'invent' new orientations and identities by himself. This present change of paradigm means the end of linear thinking models and a change in the visualisation of existing problems: In our society, conventional authorities and role models in the family, school, business- and working world and also in science have become clearly   relativised.

Current development is characterised by a pluralisation of pedagogical concepts [2] without renouncing common functions of schooling. The history of pedagogics has shown that with variations influenced by a change of paradigms an ambiguous development, which is contradictory and not simultaneous is always noticed.

Being core subjects of pedagogics, education and schooling are especially affected: this also requires the use of computers in compulsory schools. Reason enough to reflect upon this topic. However the reader should be aware of the fact, that it is impossible to discuss all the related questions let alone find answers to them. As mentioned above, this formulation of question is too complex and the sciences that deal with these problems are too multifarious. Therefore in this article it is only possible to portray a pedagogical evaluation of questions about the usage of computers. When the chairman of the catholic teachers club of Burgenland says 'Especially the children in primary school don't need a computer! This educational-political measure is going in a wrong direction'[3], he is not alone with his opinion. Hartmut von Hentig also shows concern about the knowledge-society in his book 'Ach, die Werte', Instead of thinking about how to stay 'master' of this resource (= knowledge) we get the schools online to see that the young people befriend this machine, which makes knowledge their master, as early and as freely as possible   [4].

Such views seize the pedagogics's very own, namely the value of self-determination of human beings, just as the sociologist Neil Postmann defined with his appeals to deny new media subjection [5]. To averse these dangers could not only mean to loose the image of science, which is converted with the change of paradigms, but possibly also the loss of the image of mankind in our society and the educational ideal.

In this sense we have to understand Joseph Weizenbaum when he says, ' Natural science promised power to mankind. But, as happens so often, if humans are tempted by the promise of power, the price that has to be paid from the very beginning and ever after is dependence and helplessness" [6].
Supporters of the idea of using computers in schools reply that 'media-competence' is today already a key-qualification. Thereby the educational-theoretical reasons are different, no matter if Humbold's view of education argues with the 'acquisition of world', which says that to handle new media is an ability whose control opens essential dimensions of the world, or if in the sense of constructivism where computers and internet are seen as possibilities of the realisation process to actively deal with learning contents through its own reconstruction. Media-didactics built up on these approaches knows itself committed to pedagogical and didactical positions which are sound.
For school in the present and future society should - in connection with its significance as a learning place – at the same time be designed as experience-, development-, and living space: children and adolescents should have and work through experiences in school, should organise their own co-existence and should be supported in their studies and development.
In such a school, media are used as teaching aids and development advancement and as important elements of experience.
Media as aids and as the subject of educational

learning- and development processes should be used as appropriate guides.[7] Yet, a change of paradigm needn't contradict the valid values of our society: The paradigm 'information' could create a new proportion of value, which adjusts pedagogical questions according to the principles of equal and jointly justified dialogues.

This means that the paradigm 'education' should increasingly replace the paradigm 'dialogue' in the sense of a democratic participation of all, especially in the era of information, which makes it basically possible [8].

The use of computers in schools can thus greatly improve the learning situation, though on the understanding not to make the mistake of depersonalising education or of minimising the self worth of human beings. And this is also the existentially basic answer that pedagogics can give.

Based on the pre-Christian homo-mensura assumption of Protagoras, which says that 'man is the measure of all things' [9], we have to inquire into the position of man and into the position of technique. No matter how mankind is seen, whether in a philosophical or a Christian way, it has to be with the claim of freedom: 'The human being is sensible and therefore God's image, created in freedom and master of its deeds. [10]'

This freedom must determine our pedagogical attitude towards the new media: It is not important whether or not computers will be used in our schools or not, but whether the individual is able to handle the tool ' computer' in a sensible way: ' Because if one speaks of the freedom of will or free arbitrariness, one doesn't ask if man can do what he wants, but if he is independent in his will [11]. Consequently, with a differentiated addition, the homo-mensura sentence can give an answer to the question asked at the beginning: Man as an dependent individual can't be the measure of education with regard to the manner of dealing with technique. He can only do it as a person who creates himself, who writes his own life-story, by the virtue of sensibility, freedom and language, and who makes a new personal arrangement [12]. It is not a question of using computers in school or not. It is not about whether a certain paradigm demands its use or not. The question is whether the usage of new media in classes under the above-mentioned constructivism is guaranteed. And for this, teachers, supervisory school authority and teacher-training are equally responsible.

Footnote:

1 A paradigm indicates the respectively valid or considerably valid picture of the world society holds. (Watzlawick, Paul: Die Unsicherheit unserer Gesellschaft. Piper, 1993, Umschlagseite). Whereby the conception originates from Thomas Samuel Kuhn: He describes this idea of the scientific revolution as process, at which existing explanatory models, with which the scientific world has worked till then, are removed and replaced by others: a change of paradigm takes place
2 Even in the area of pedagogics constructivism gains in significance, which means the dismissal of existing

theories insofar, as knowledge represents no copy of external reality. Compare Pehofer, Johann: Pädagogik und Konstruktivismus. Eine Einführung. Internet: members.aon.at/pehofer , 20.2.2000

3 Mandl. Harry: PC in jede Volksschulklasse? In: KLB Mitteilungsblatt 4, Mattersburg 1999, page 1

4 Hentig, Hartmut von: Ach, die Werte! Über eine Erziehung für das 21. Jahrhundert. München – Wien 1999, page 92

5 Compare: Postman, Neil: Die Verweigerung der Hörigkeit. Frankfurt am Main, 1988; Postman, Neil: Das Technopol. Die Macht der Technologien und die Entmündigung der Gesellschaft. Frankfurt am Main 1992; Postman, Neil: Wir amüsieren uns zu Tode. Frankfurt am Main

6 Weizenbaum, Joseph: Die Macht der Computer und die Ohnmacht der Vernunft. Frankfurt am Main, 1994, page 338

7 Tulodziecki, Gerhard: Medien und Schule. Konkurrenz oder Ergänzung? Internet: http://www.lbw.bwue.de/ktulodzi.htm, 19.2.2000

8 Baacke, Dieter: Multimedia im Alltag von Jugendlichen. Ersetzen des Erziehungs-Paradigmas durch das Dialog-Paradigma. Internet: http://www.lbw.bwue.de/kbaacke.htm , 19.2.2000

9 Compare Hansen, Frank-Peter: Einleitung: Digitale Bibliothek Band 2: Philosophie, page 39

10 Irenäus, haer.4,4,3 zit. Nach Katechismus der Katholischen Kirche, München 1993, page 463

11 Leibniz: Neue Abhandlungen über den menschlichen Verstand, page 267. Digitale Bibliothek Band 2: Philosophie, page 18425

(compare   Leibniz-Abh.,   S.   161)]
12 Heitger, Marian: Der Mensch, das Maß der Bildung – wer sonst? In: Angelika Wenger Hadwig (Hrsg.): Der Mensch – das Maß der Bildung. Innsbruck – Wien 1994, page 26

Johann Pehofer

Külföldi tanulmányok
- a személyiség kialakulásának fontos része

Az utazás és a megszokott környezetből való kilépés már régi jelenségek, amelyek megtalálhatók az európain kívül minden más kultúrában is:
- Fiatal indiánoknak, akik felvételt szerettek volna nyerni a közösségbe, egy un. „vision walk" - kalandos utazás a magányba - során kellett meglelniük identitásukat. Ezután saját személyiségükhöz illő nevet is kaptak.
- A muzulmánoknak egyszer egy évben Mekkába kell zarándokolniuk
- Primitív népek tagjainak a házasságot megelőzően olyan rítusokon kellett részt venniük, amellyel a házasságra való képességüket bizonyították. Ehhez el kellett hagyniuk falujukat.
De a mi kontinensünk területén is számos példa akad az érés e fontos folyamatának jelentőségére:

1 „Világot látni", mint motívum az európai irodalomban
Sokféleképpen előjön ez a motívum az európai irodalomban: a mese mint irodalmi forma nagyban hozzájárul ehhez a tematikához. A világot járó hős gazdagon és erősen tér haza. A mesének ebben a „szimbolikus világában" (vö. Dickmann, 1966, 442 old.) rejlenek azok a szimbolikus események, amelyek az éréshez, önmagunk megtalálásához és a

felnőtté váláshoz vezetnek bennünket. Gondoljunk ezzel kapcsolatban a Grimm testvérek ismert meséire (Jancsi és Juliska, Csipkerózsika...) vagy a dán Hans Christian Anderson a csúnya kacsáról szóló meséjére. A mese főszereplőjét mindig a siker és a szerencse kíséri útján. Ez az utazás az a próbatétel, melyet a főhősnek a szülők védelme és támogatása nélkül kell kiállnia, életében először teljesen a saját lábára áll. Ezzel a motívummal azonban - miszerint egy fiatalnak előbb saját lábán kell megállnia a helyét, hogy ezáltal érettebbé váljon - nem a csak a mesében találkozhatunk. Sok híres regény és novella főhőse hagyja el megszokott környezetét: Wilhelm mesternek (Johann Wolfgang Goethe: „Wilhelm Meisters Wanderjahre") és Ivanhoe-nak, a vitéz lovagnak Sir Walter Scott azonos című regényében szintén útra kellett kelnie... Minden európai ország irodalma mutat fel példákat arra, hogy az ember önmagára hagyva tanulja meg megállni a helyét a világban, és ebből kifolyólag fejlődik a személyiség is.

2 Történelmi példák

Nem csak az irodalomban, hanem a történelemben is találunk példát arra, hogy ennek a világirodalmi motívumnak nem csupán elméleti jelentősége van. A középkorban a fiatal nemeseknek is el kellett hagyniuk szüleik várát, hogy apródként és később fegyvernökként más udvarnak szolgáljanak. A lovagok kisérése, akár a harci játékokra, akár a harci szolgálatra, az udvari nevelés fontos részét alkotta.

A késő középkor diákjainak is gyakran nagy távolságokat kellett megtenniük az egyetemig. Ez gyakran nem csak egy idegen nyelv elsajátítását jelentette, - mivel akkoriban még nagyon kevés egyetem létezett - hanem egy hosszú, fárasztó és veszélyes utazást is. Abban az időben Friedrich Barbarossa császár is ez okból hozta az un. „Habita" törvényt, amely az utazó diákok védelméről szólt (vö. Krause, 1979, 9old.).

A 18. és 19. század fiatal nemeseinek is hosszúra nyúlt utazásokra kellett vállalkozniuk: Wilhelm von Humbold, a berlini egyetem alapítója, rengeteget utazott, hogy tudását még tökéletesebbé tegye. Johann Wolfgang Goethe 1786-tól 1788-ig Olaszországban tartózkodott. Herder Rigában és Franciaországban járt.

De nem csak nemesek és jómódúak voltak azok, akik akkoriban hosszú útnak vágtak neki: A kézművesek közül szintén voltak, akik más országokban fejezték be tanulmányaikat, mialatt bizonyos ideig mestereknél dolgoztak. Ennek természetesen nem csak az az idealisztikus oka volt, hogy a képzés alatt lehetőség adódott új dolgok megismerésére, hanem közrejátszottak financiális és családi problémák is. Ugyanakkor minden kézműves inas kiemelte, hogy ez idő alatt rengeteg tapasztalatot szerzett szakmája, ill. az élet egyéb területein is. (vö. Vosahlikova, 11. old.)

3 A jelenlegi helyzet

Azáltal, hogy Ausztria az Európai Unió tagja lett, új továbbtanulási lehetőségek nyílnak a diákok számára: az új európai dimenziók megismerése, a más kultúrákban és nyelvterületeken való tanulás nem jár személyes korlátozottságokkal és nincsen anyagi feltétele sem. A külföldi tanulmányok jelentősége ismert: a diákok megismerhetik az oktatás és az oktatásszervezés különböző fajtáit, és tanulmányuk ideje alatt új tapasztalatokat szerezhetnek a tudomány és a kutatás területén.

A más országokban való tartózkodás ill. tanulás, a különféle európai közösségekből származó diákokkal való együttélés sokban hozzájárul egymás kölcsönös megértéséhez és az európai béke biztosításához is. Azon diákok számára, akik tanulmányaik egy részét külföldön végezték, az interkulturális tanulás nem csupán elméleti jelentőséggel bír. A 'Stiftung Pädagogische Akademie Burgenland' már évekkel ezelőtt megbizonyosodott a külföldön végzett tanulmányok jelentőségéről. Nem csupán a mi akadémiánkat látogatják minden félévben a partner főiskolákról érkező diákok, hanem a mi diákjaink is egyre gyakrabban élnek a külföldi partner főiskolákon való tanulás lehetőségével. A partner főiskoláink oktatói között létrejött cserekapcsolatok egyre növekvő száma lehetőséget nyújt az európai dimenziók megismerésére azon diákoknak is, akik számára a külföldön tartózkodás személyes okok miatt nem megoldható. A burgenlandi pedagógiai főiskolának sikerült megfelelnie a jelenkor kihívásainak, a tanárképzés nemzetközivé tételének.

Irodalom:

Dieckmann, Hans: A mese szimbolikus nyelve (1966). Wilhelm Laiblin: *Mesekutatás és Mélylélektan* c. könyvében. Darmstadt 1995.

Krause, Peter: Ó, öreg férfidicsőség? (O, alte Burschenherrlichkeit). A diákok és szokásaik. Graz 1979.

Vosahlikóva, Pavla: Auf der Walz. (Wanderschaft eines Handwerkburschen). Cseh kézműves inasok emlékei. Bécs 1994.

Johann Pehofer

Basic considerations regarding the academisation of the pedagogic academies

Well considered teacher training doesn't orientate itself on a certain model and takes it over unreflected, but has to begin with the basic question of the definition of education and being human, because "school is not here for the purpose of having lessons but for the children and young people and the future of our society". [1]

If the pedagogics of a future pedagogic academy doesn't want to be exposed to the accusations of a manipulated pedagogical philosophy of life, it has no choice but to be concerned with content and requirements in a critical and philosophised way. A new orientation and new formation of teacher training has to start with basic questions of the radical "being", which Immanuel Kant already formed in his lectures about logic. [2]

1.)   What can I know?
2.)   What shall I do?
3.)   What may I hope?
4.)   What is the human being? [3]

The first question already reveals the basic problem in scientific pedagogics: Is it – as it needs a certain picture of humanity/mankind for being defined – an axiomatic science, which is generally different from exact sciences? If the human being – in an existential sense – defines itself as creature, whose existence is

139

explicitly to "be" teacher training has to get back to this basic attitude, if it wants to avoid any accusations of a pedagogical philsosophy of life: it must have as a goal an educational-concept which is committed to self-determination, not only in the supply of values but also in the realisation of this concept, because the "idea of the ability to create men, the idea of pedagogics as theory and practise in the sense of a new social-Darwinism fits into the picture of the era of technology, in which reason seems to be committed to rationally planned "means-to-an-end"-thinking.

But on the other hand it oversees the other basic character of being, the personality with the right and the commitment to the understanding and obligation to make use of free will.

Otherwise man won't be the subject to possible objects any longer, but become the processed object itself. With that the concept of education in the sense of personal self-development, of self-reliant judgement and of the willingness to take responsibility is cancelled. 5)

1.) The academic apprenticeship (Making apprenticeship academic)

If teacher training commits itself to this basic idea/conception of pedagogics, it can't exclusively correspond to this reducing concept of empirical science.

This means that neither adaptive compulsions nor ostensible political interests should be allowed to play a role in teacher training: science, pluralism and academical freedom and apprenticeship exclude dogmatism and authoritarian attitudes: The claim for pedagogical guidance may not be replaced by anything. The so gained scientific-pedagogical way of seeing itself makes it possible to aim the training for educators, who get a judgement about pedagogical facts at a more theoretical view.

Priority in this theoretical intensification should be those fields, which can be formed into scientific individual disciplines out of the empirical survey. These are statistics, logic, ethic and scientific theory within the scope of a constructive educational science. [6]

For the future academic orientation of teacher training for compulsory school it is necessary that teachers are also willing to do scientific research and work as is demanded from students.

2. Subjectivation instead of functionalisation

After all – or rather above all – the pupil should , in addition to knowledge and skill, acquire the ability to live in a society, to politicise and reflect, to examine his way of thinking, to ask about the meaning of things, to philosophise.

A teacher who doesn't have these habits has to acquire them. [7]

In a time where, also in pedagogics, "input"- and "output" models are constructed, in a time of media-manipulation, responsible teacher training has to pay attention to the subjectivity of the individual. A teacher who isn't aware of his own subjectivity, who shows deficits in his personality, isn't able neither to appreciate it in his pupils nor to promote it.

Therefore, in the area of teacher training, all attempts that try to take away autonomy and maturity from the subject in a funtionalisation adequate to the zeitgeist are to be strictly declined: The time of study mustn't only serve for education, it must also be a time of personal maturity, of finding one's interests and of gaining personality. A student who wants to become a teacher needn't only be seen as a testing and argumentative subject by his tutors but he has to understand himself as one.

It is all about a compulsory attitude and competence towards what is recognised to be true: Both have to become a central part of teacher training, because in the professional activity of a teacher the essential pedagogical decisions "can be made easier or more difficult by external influences" [8]

3. Ethics values and morals

Hence follows the connection to the third necessary point of responsible teacher training, that is the fields of ethics, values and morals. "The institutions, which in former times set values and established rules: home and school, are unable to provide these anymore, but without an ethic which produces solidarity and gives orientation, society won't be able to survive in the long run.

Each society needs commitments; without rules, without traditions, without a minimal agreement about the ethics which underlie behavioural norms, our society will one day collapse just like the social system did not long ago" [9]

Here above all pedagogics has a responsibility, whose nature is beyond the rational explanations of correlations. For the treatment of values, of questions of ethics and morals isn't to be understood as an isolated demand. Above all the affinity to general education aims shows the importance of this demand.because the ties to others, the feelings of affiliation, the experience of social nearness, the existence of willingness of acknowledgement and adaptation as parts of societies only serve as transitional moments in the process of achieving maturity and self-determination." [10]

Shall and will pedagogics does justice to itself - it can't manage without ethics, because the pedagogical ethos "is partisanship for the personal being of men and the possibilities of education given as assignments within. This partisanship in the demeanour of ethos matters for all pedagogics." [11] And all individual and scientific knowledge gets its meaning only when "it offers its service to developing education, when it becomes the expression of this pedagogical love, which sees itself as creator of all things beautiful and good." [12]

But an academic abstract handling of teacher training is not enough; the need for realisation demands a pedagogical ethos and skill from the tutor together with scientific ethos – an ethos and skill which should be "visible" and receivable by the students, but which also has to concern every student in a special way and which has to awake and stimulate the pedagogic attitude.

4. Internationalisation

The fact that also the areas of education and science don't stop at their own academies means a unique chance for the developing pedagogic academies in Austria. In already existing institutions not only personal pedagogical achievement can be valued, whereby valuable feedback can be expected from other countries through exchange programmes and guest-tutors of other institutes to get this attitude of a cosmopolite, who doesn't only play an important role in the scientific world in general but even more in the area of pedagogics, because Europe's future without education isn't possible.

If Europe doesn't want to lapse into new nationalism, if an understanding of the multifariousness of Europe shall be attained with the people, if pedagogics wants to make a contribution to a pedagogics of peace, if we want to find solutions to the increasing and complex problems of our society, then a future pedagogic academy has to make this domain to a central one. Because, as Jean Monnet, the founder of the Coal and Steel company, said in his last interview: "If I did it again, I'd start with education."
14)

So the requirements of teacher training, which is committed to pedagogics in its own sense, are mentioned: an academisation as precondition for pedagogical judgement, subjectivity as precondition for personality, attitude as subjective realisation of ethics, internationality as a measure of evaluation and quality: "Otherwise the human being won't be subject of possible objects of consideration: With this the concept of education in the sense of personal development, the ability to make independent

judgements and a sense of responsibility are dissolved." [15)]
The future pedagogic academy in Austria must succeed in transferring these principles and to realise the freedom of a critical academic attitude.
Because even "today the education system fulfils its mission best, when it doesn't submit itself unconditionally to the expectations of society but when it takes them through the critical intermediary of concrete tasks under the given empirical conditions to increase the logos of the soul." [16)]

Footnotes:

1 Struck, Peter: Neue Lehrer braucht das Land. Ein Plädoyer für eine zeitgemäße Schule. Darmstadt 1994, p. 172
2 Immanel Kant in der Weischeidel-Ausgabe von 1977, p.448.
3 compare: Krope, Peter: Muss Pädagogik dogmatisch sein? In: Bayer M. et al.: Brennpunkt Lehrerbildung. Strukturwandel und Innovationen im europäischen Kontext. Opladen 1997, p. 301-315
4 Schütz, Egon: Prolegomena zu einer existenzialkritischen Pädagogik. In: Konrad, Helmut: Pädagogik und Wissenschaft, Kippenheim 1981, p. 83
5 Heitger, Marian: Das Bildungssystem zwischen öffentlicher Erwartung und pädagogischem Auftrag. In: Heitger, Marian (publisher): Beiträge zu einer Pädagogik des
    Dialogs. p 131
6 Krope, Peter: Muss Pädagogik dogmatisch sein? In: Bayer M. et al.: Brennpunkt Lehrerbildung. Strukturwandel und Innovationen im europäischen Kontext.
    Opladen 1997, p 301-315
7 Hentig, Hartmut von: Die Schule neu denken. München – Wien, 1994, p 255
8 Eckinger, Ludwig: Professionalisierung des Lehrers durch Pädagogische Bildung. In: Ernst, Hans; Gonnert, Siegfried;

Schulz, Georg (Hrsg.): Theorie und Praxis in der Lehrerbildung. München 1992, p 94

9 Dönhoff, Marion: Zivilisiert den Kapitalismus. Grenze der Freiheit, Stuttgart 1997, p13

10 Uhle, Reinhard: Individualpädagogik oder Sozialerziehung zur Ambivalenz von Autonomie und Re-Vergemeinschaftung. Bad Heilbrunn, 1995

11 Heitger, Marian: Vom Eros pädagogischen Handelns im interdisziplinären Zusammenhang. In: Heilpädagogik 2000, Graz 1988, p 110-116A

12 ibidem

13 Reble, Albert: Pädagogische Grundhaltung – ein nicht immer beachteter zentraler Zielpunkt der Lehrerausbildung. In: Ernst, Hans; Gonnert, Siegfried; Schulz, Georg (publisher): Theorie und Praxis in der Lehrerbildung , München 1992, p 238

14 Zit. Nach: Riemer, Gerhard: Neue Anforderungen an das Bildungswesen im Lichte der europäischen Integration. In: Klement, Karl; Oswald, Friedrich; Rieder, Albert (publisher): Bildung - Schwelle zur Freiheit. Ergebnisband zum 11. Europäischen Pädagogischen Symposion (EPSO) in Baden bei Wien. Linz: 1993, p. 173-178.

15 Heitger, Marian: Das Bildungssystem zwischen öffentlicher Erwartung und pädagogischem Auftrag. In: Heitger, Marian (publisher): Beiträge zu einer Pädagogik des Dialogs. Wien 1983. p 135

16 ibidem

Johann Pehofer

Školovanje (Učiteljev) je prolog za preporod zapada

„... bi li mi bili sami nastali
ča smo, i zvana Europe?"
Herder, Ideje za filozofiju historije človičanstva

Preko mnogo stoljeća, Europa je bila centar duhovnoga, kulturnoga i človičnoga svita. Nijedan kontinent nije, - „...tako znamo bez pretiranja reći, tako čuda pridonesao razvitku svita, uticao kroz svoje ideje, filozofske sisteme, svoju znanost i tehniku, svojimi izumi i istraživanjem, svojimi misionari i zvanaeuropskimi misionskimi štacijami, kroz kršćanstvo i ateizam, idealizam i materializam."[1]
Ipak nisu misli Herderove, Fichteove misli i kot drugih važnih mislilocev i humanistov znali prepričiti nastanje nacionalnih državov, i s timi povezanoga destruktivnoga mišljenja. Boji za granice i ideologije su lučili – i luču – stanovnike Europe. Drugi svitski boj, a potom diljenje Europe su bili konac europske zajednice.
S utemeljenjem Europske Unije su se otvorile po prvi put nove šance za kulturno i duhovno društvo. I ovde imamo šancu da doprimimo naše mlade, u jednoj miroljubivoj Europi, skupa, da izminu nova spoznanja i istraživanja, i da realiziraju jednu multikulturnu puninu u kulturnoj slogi.

Ali ujedinjena Europa znači nek onda mirnu Europu, jednu Europu koja kooperiranja u znanosti i umjetnosti, kada budu povezani cilji koji izajdu prik ekonomskoga polja. Ako ov „preporod Europe"[2] ne prestane u jednom ekonomskom i financijelnom društvu, koja stalnost ne zna bit trajna ako falu humani i moralni cilji, onda mora ova nova Europa bit jedna Europa naobrazbe. Jer odgovor „na našu ustanovljenu ili realnu bezorijentaciju je naobrazba – ne znanost, ne informacija, ne komunikativno društvo, ne moralni ustanak, ne redjeno društvo."[3]

Ufanje grofice Marion Dönhoff, „... da Europa dojde najzad do prvobitne uloge, i da se opet skrbi zato, da jedna filozofska dimenzija dojde u našu političnu dimenziju i u predstavu, koja daje našemu svitu formu,"[4] zna nek kroz pojam naobrazba – ta nerazdružljiva veza od znanja i držanja" - svakoga pojedinoga spunjeno biti.[5] I zato je naobrazba učitelev u tom procesu jedna važna pozicija koja ima već dimenzijov. Ta njoj pripodajuća odgovornost se zna nek onda spuniti ako:

NAOBRAZBA UČITELJEV MORE BITI ODGOVARAJUĆA SVOJEMU IMENU

Pojam školovanja zgublja u našem sadašnjem društvu svenek već svoju važnost. Izobrazba se vidi u smislu funkcionalizma svenenk više racionalno. Čovik, njegova potribóća, njegova izobrazba, nisu već na prvom mjestu, nego njegovo hasnovanje u produkciji. Naobrazba se mora suprotstaviti svakomu funkcionalizmu, i s tim vezanoj dehumanizaciji ako kani ostati svakomu potribovanju odgovorno. „Predstava, da se more svaki čovik stvoriti, predstava jednoj pedagogiji kot teorija i praksa u smislu jednoga novoga socialnoga darvinizma, paše zaista u ta kip našega tehničkoga vijeka u kom je razum vidjen kot uredjeno jednomišljenje cilja i dugovanja. Ono ali već ne vidi principijelan drugi karakter subjektivnosti i osobnosti s pravom i s dužnosti polag spoznanja i obveze rediti samo sebe. Drugačije človik već nije subjekt mogućega dugovanja, nego on nastane dugovanje obdjelivanja. S tim se je pojam naobrazbe u smislu samostalnoga samorazvitka, presuda i pripravnosti za uzimanje odgovornosti razvezan."[6]

A ovde kvalifikacija nastane već i više važna u našem tehničkom svitu. Ali ona se ne zna realizirati u školskom sistemu ako nije mogućnosti da se ostvaruju u naobrazbi učiteljev.

NAOBRAZBA UČITELJEV JE SLOBODNA

Školovanje se mora kroz nje zastupnike ugnuti svakom uticaju od ideologije koje imaju cilj, da instrumentaliziraju učnju u tom smislu.

NAOBRAZBA UČITELJEV JE INTERNACIONALNA

Nacionalizmi morju biti prošlost. Naobrazba se zna samo realizirati prez granic, u onom duhovnom slobodnom prostoru u kojem je nastao u prošlosti ta duh Europe.

Ako naobrazba učiteljev kani biti kvalitativno uspješno, onda je ispunjenje tih gore citiranih ciljev uz to nerazdruživo vezano. I to u jednoj atmosferi duhovnoga izobraženja, koje neka odredi klimu predavanja, kot i u realizaciji osobnoga mišljenja. Na tom mora svaka institucija djelati, da doprimi prilog za europsko naobrazbu i za duhovnu Europu.

---

[1] König: Kardinal Franz: Europa auf dem Weg zu sich selbst. In: König, Franz; Rahner, Karl: Europa. Horizonte der Hoffnung. Graz – Wien – Köln 1983. Seite 35

[2] Pojam je hasnoval Leszek Kolakowski us svojem sastavku: „Preporod zapada?". In: König, Franz; Rahner, Karl: Europa. Horizonte der Hoffnung. Graz – Wien – Köln 1983. Seite 75-86

[3] Hentig, Hartmut von: Bildung. Ein Essay. München – Wien 1996, Seite 11

[4] Dönhoff, Marion Gräfin: Zivilisiert den Kapitalismus. Grenzen der Freiheit. Stuttgart 1997, Seite 11f.

[5] vgl. dazu: Heitger, Marian: Das Selbstverständnis der Pädagogik als Wissenschaft. In: Heitger, Marian: Beiträge zu einer Pädagogik des Dialoges. Wien 1983. Seite 10-116

[6] Heitger, Marian: Das Bildungssystem zwischen öffentlicher Erwartung und pädagogischem Auftrag. In: Heitger, Marian (Hrsg.): Beiträge zu einer Pädagogik des Dialogs. Wien 1983. S 31